TRAÇO E ESCRITURA
A DIMENSÃO DO FANTASMA, DA FANTASIA
NO DESENHO INFANTIL

Editora Appris Ltda.
1.ª Edição - Copyright© 2025 dos autores
Direitos de Edição Reservados à Editora Appris Ltda.

Nenhuma parte desta obra poderá ser utilizada indevidamente, sem estar de acordo com a Lei nº 9.610/98. Se incorreções forem encontradas, serão de exclusiva responsabilidade de seus organizadores. Foi realizado o Depósito Legal na Fundação Biblioteca Nacional, de acordo com as Leis nᵒˢ 10.994, de 14/12/2004, e 12.192, de 14/01/2010.

Catalogação na Fonte
Elaborado por: Dayanne Leal Souza
Bibliotecária CRB 9/2162

O488t 2025	Oliveira, Flávia de Toledo
	Traço e escritura: a dimensão do fantasma da fantasia no desenho infantil / Flávia de Toledo Oliveira. – 1. ed. – Curitiba: Appris, 2025.
	219 p. : il. ; 23 cm. – (Coleção Multidisciplinaridade em Saúde e Humanidades).
	Inclui referências. ISBN 978-65-250-7737-6
	1. Desenho. 2. Sonho. 3. Fantasma. I. Oliveira, Flávia de Toledo. II. Título. III. Série.
	CDD – 150.195

Livro de acordo com a normalização técnica da ABNT

Appris
editorial

Editora e Livraria Appris Ltda.
Av. Manoel Ribas, 2265 – Mercês
Curitiba/PR – CEP: 80810-002
Tel. (41) 3156 - 4731
www.editoraappris.com.br

Printed in Brazil
Impresso no Brasil

Flávia de Toledo Oliveira

TRAÇO E ESCRITURA
A DIMENSÃO DO FANTASMA, DA FANTASIA NO DESENHO INFANTIL

Appris
editora

Curitiba, PR
2025

FICHA TÉCNICA

EDITORIAL
Augusto Coelho
Sara C. de Andrade Coelho

COMITÊ EDITORIAL E CONSULTORIAS
Ana El Achkar (Universo/RJ)
Andréa Barbosa Gouveia (UFPR)
Antonio Evangelista de Souza Netto (PUC-SP)
Belinda Cunha (UFPB)
Délton Winter de Carvalho (FMP)
Edson da Silva (UFVJM)
Eliete Correia dos Santos (UEPB)
Erineu Foerste (Ufes)
Fabiano Santos (UERJ-IESP)
Francinete Fernandes de Sousa (UEPB)
Francisco Carlos Duarte (PUCPR)
Francisco de Assis (Fiam-Faam-SP-Brasil)
Gláucia Figueiredo (UNIPAMPA/ UDELAR)
Jacques de Lima Ferreira (UNOESC)
Jean Carlos Gonçalves (UFPR)
José Wálter Nunes (UnB)
Junia de Vilhena (PUC-RIO)
Lucas Mesquita (UNILA)
Márcia Gonçalves (Unitau)
Maria Margarida de Andrade (Umack)
Marilda A. Behrens (PUCPR)
Marília Andrade Torales Campos (UFPR)
Marli C. de Andrade
Patrícia L. Torres (PUCPR)
Paula Costa Mosca Macedo (UNIFESP)
Ramon Blanco (UNILA)
Roberta Ecleide Kelly (NEPE)
Roque Ismael da Costa Güllich (UFFS)
Sergio Gomes (UFRJ)
Tiago Gagliano Pinto Alberto (PUCPR)
Toni Reis (UP)
Valdomiro de Oliveira (UFPR)

SUPERVISORA EDITORIAL
Renata C. Lopes

PRODUÇÃO EDITORIAL
Maria Eduarda Pereira Paiz

REVISÃO
Viviane Maffessoni

DIAGRAMAÇÃO
Andrezza Libel

CAPA
Eneo Lage

REVISÃO DE PROVA
Alice Ramos

COMITÊ CIENTÍFICO DA COLEÇÃO MULTIDISCIPLINARIDADES EM SAÚDE E HUMANIDADES

DIREÇÃO CIENTÍFICA
Dr.ª Márcia Gonçalves (Unitau)

CONSULTORES
Lilian Dias Bernardo (IFRJ)

Taiuani Marquine Raymundo (UFPR)

Tatiana Barcelos Pontes (UNB)

Janaína Doria Líbano Soares (IFRJ)

Rubens Reimao (USP)

Edson Marques (Unioeste)

Maria Cristina Marcucci Ribeiro (Unian-SP)

Maria Helena Zamora (PUC-Rio)

Aidecivaldo Fernandes de Jesus (FEPI)

Zaida Aurora Geraldes (Famerp)

A Lisete e Wellington, (in memoriam) meus pais, a Lis e Rogério, por terem fornecido o primeiro material, a experiência da infância, que não canso de revisitar, imagem que pinto e repinto;

A Gabriel Lucas, fonte inesgotável de amor, inspiração e criação!

AGRADECIMENTOS

Este livro é inspirado nas crianças, que me ensinam, a cada traço, a marca de sua subjetividade e a possibilidade de se refazerem a cada vez que "se desenham". A elas, dedico o primeiro agradecimento.

À psicanalista Silvia Molina, por ter me apresentado, junto com Dolto, à técnica do pintar e desenhar;

Aos colegas Marta Matos e Milena Rosa, por orientarem e acreditarem na possibilidade desta pintura;

Aos colegas e amigos Nilena Naime e Mário Serra, pelos incentivos na produção e incidirem luz sobre os detalhes;

A Lucas de Lucas Samuel, intérprete de outras paisagens, por auxiliar na composição da minha;

Aos colegas da Associação Psicanalítica de Porto Alegre, cujos espaços de estudo, convívio e discussão foram fontes basais para a construção dos traços que aqui se apresentam.

Aos colegas psicanalistas Alexandre Simões, Merces Ghazzi e Viviane Jacques Sapiro, interlocutores imprescindíveis na trama desta "tracitura" que vos apresento.

Não, um desenho não se conta, é a própria criança que se conta através do desenho.
Um desenho é uma fantasia extemporânea numa análise;
é desse modo que convém escutá-lo.

(Françoise Dolto)

PREFÁCIO

A autora me concedeu a oportunidade de fazer este prefácio, o que configura um prazer para mim, já que este livro também nasce inspirado em trabalhos de supervisão clínica prévios que, durante anos, realizamos, assim como em grupos de estudo em relação ao infantil e o desenho, tema que configura uma das paixões de articulação teórico-clínica que temos em comum.

Trata-se de um afazer que brinda uma leitura aprazível também em função do ponto de partida: um percurso pelo surgimento da imagem, a partir da arte rupestre, modalidades da pré-existência do simbólico, assim como das primeiras expressões da organização social e cultural das pessoas Lévi-Strauss[1]. Enlaçando este conceito ao lacaniano[2], de que o simbólico surge quando cobra um valor socializado, tornando-se referência para um laço coletivo, ou seja, quando o simbólico integra a estrutura da linguagem.

Por meio da revisão das contribuições de importantes autores da psicanálise e, particularmente, da psicanálise infantil sobre o tema, ela vai decantando os conceitos daqueles que considera relevantes, em sua leitura, para atingir o seu objetivo: o estabelecimento de operadores clínicos para a investigação psicanalítica no desenho infantil. Considerei interessante mencionar este percurso, pelo qual ela vai construindo o embasamento teórico de seu objeto de pesquisa (de caráter qualitativo), e, portanto, decidi fazer menção a alguns deles, relevantes para a construção deste instrumento, cujo objetivo é focar no matema do fantasma materno (fantasma e fantasia), da topologia lacaniana, particularmente os Círculos de Euler: fantasma que se expressa, de diversas maneiras, por meio dos sintomas, da estrutura e clínicos. Outrossim, apela aos tempos de constituição edípica das crianças.

Menciona a Dolto[3] ao conceber o desenho como expressão do inconsciente, equivalente ao sonho e até mesmo como um sonho, chegando a estabelecer, junto com Nasio[4], que "não desenhamos; nos desenhamos" debelando questões fantasmáticas inconscientes cada vez mais profundas.

---

[1] LEVI-STRAUS, C. *Antropologia Estrutural*. São Paulo: UBU, 2017.

[2] LACAN, J. [1953-1963]. *Nomes-do-Pai*: os quatro conceitos fundamentais da psicanálise: o simbólico, o imaginário e o real. Rio de Janeiro: Zahar, 2005.

[3] DOLTO, F. Rapport sur l'interprétation psychanalytique des dessins au cours des traitements psychothérapiques. *Revue Psyché*, Paris, França, n. 17, p. 324-346, 1948.

[4] DOLTO, F.; NASIO, J.-D. *A criança do espelho*. Rio de Janeiro: Zahar, 2008. p. 12.

A autora destaca também a Geneviéve Hagg[5], que reconhece no desenho a evolução das transformações pulsionais; portanto, o desenho passa a ser considerado um representante do objeto da pulsão.

Por meio de uma sequência de contribuições de renomados psicanalistas (dos quais nomeei alguns), a autora se coloca em condições de chegar ao capítulo: "Desenhar, narrar, elaborar". A partir desse momento, ela refere que, ao tomar o desenho como operador clínico, sublinha-se a importância de seu significado (narrativa, efeito de um texto inconsciente) e de para quem foi produzido, levando também em conta as histórias motivadas por tais produções gráficas.

Destacando a contribuição de Denis Vasse[6], quem refere a necessidade de "olharmos-escutando" a singular mensagem que a criança, em transferência, produz, tecendo relações entre o que se dá a ver e o que está encoberto.

Passando a autora a formular outra questão: O que mais deve comportar um desenho? Questão que a conduz a Freud[7], que estabeleceu que, a partir do método da associação livre, o paciente irá rememorar a origem infantil dos sintomas, rememoração a partir da qual será possível destravar a circulação significante. Quando o paciente não se dispõe a recordar, ficará preso naquele momento no qual a captura fantasmática aconteceu, acrescentando, assim, sua peculiaridade como recurso para a elaboração.

Aqui ela propõe articular este texto com o de Lacan[8], escolhendo dele a proposição dos três momentos temporais do sujeito: o instante de ver, o momento de compreender e o de concluir. Formulando a pergunta: será que é possível encontrar no desenho estes tempos? E, além disso, que processos psíquicos subjazem a eles?

Relacionando os estudos de Flesler[9], que estabelece ser possível vincular o desenho com os três registros que configuram a estrutura subjetiva: o Real, o Simbólico e o Imaginário (Lacan), encontramos interessantes leituras de desenhos levando em conta esses registros.

---

[5] HAGG, 1988 apud ANZIEU, A. BARBEY, L.; BERNARD-NEY, J. ; DAYMAS, S. *Le Travail du dessin em Psychothérapie de l'enfant.* Paris: Dunod, 1996. p. 27, tradução nossa.

[6] VASSE, D. *O umbigo e a voz:* psicanálise de duas crianças. São Paulo: Loyola, 1977.

[7] FREUD, S. [1914]. *Repetir, recordar e elaborar:* novas recomendações sobre a técnica da psicanálise. Rio de Janeiro: Imago, 1996a. (Obras completas, 12 v.).

[8] LACAN, J. [1945]. *Escritos:* o tempo lógico e a asserção de certeza antecipada: um novo sofisma. Rio de Janeiro: Zahar, 1998.

[9] FLESLER, A. *A psicanálise de crianças e o lugar dos pais.* Rio de Janeiro: Zahar, 2012.

Chega, assim à formulação de uma grelha por meio da qual, nos casos clínicos apresentados, será possível visualizar os tempos da constituição do fantasma e da constituição subjetiva edípica, assim como dos mecanismos do paradigma do sonho, por meio dos desenhos produzidos em transferência.

Conceitos teóricos que contribuem para a leitura da produção do desenho em transferência, levando em conta a posição que a criança ocupa em relação a esses registros (RSI), no contexto do estilo de sua constituição subjetiva.

A diversidade expressiva do desenho infantil é tal que todas as contribuições teórico-clínicas vêm a aportar valiosos instrumentos facilitadores de sua leitura, tendo sempre em conta que eles são aportes para a interpretação, sem jamais deixar de lado a singularidade da criança que, dessa maneira, se expressa. É aqui que chega este livro, construído durante um percurso de mestrado, que traz mais uma respeitável contribuição para essa complexa e complicada empreitada teórico-clínica sobre a infância.

Silvia Eugenia Molina
Psicanalista, membro do Associação Psicanalítica de Porto Alegre,
membro fundador do Centro Lydia Coriat – Porto Alegre/Brasil,
docente dos cursos de pós-graduação. Lydia Coriat.

Referências

ANZIEU, A.; BARBEY, L.; BERNARD-NEY, J.; DAYMAS, S. *Le Travail du dessin em Psychothérapie de l'enfant.* Paris: Dunod, 1996.

DOLTO, F. Rapport sur l'interprétation psychanalytique des dessins au cours des traitements psychothérapiques. *Revue Psyché*, Paris, França, n. 17, p. 324-346, 1948.

DOLTO, F.; NASIO, J.-D. *A criança do espelho.* Rio de Janeiro: Zahar, 2008.

FLESLER, A. *A psicanálise de crianças e o lugar dos pais.* Rio de Janeiro: Zahar, 2012.

FREUD, S. [1914]. *Repetir, recordar e elaborar*: novas recomendações sobre a técnica da psicanálise. Rio de Janeiro: Imago, 1996a. (Obras completas, 12 v.).

LACAN, J. [1945]. *Escritos*: o tempo lógico e a asserção de certeza antecipada: um novo sofisma. Rio de Janeiro: Zahar, 1998.

LACAN, J. [1953-1963]. *Nomes-do-Pai*: os quatro conceitos fundamentais da psicanálise: o simbólico, o imaginário e o real. Rio de Janeiro: Zahar, 2005.

LEVI-STRAUS, C. *Antropologia Estrutural*. São Paulo: UBU, 2017.

VASSE, D. *O umbigo e a voz*: psicanálise de duas crianças. São Paulo: Loyola, 1977.

SUMÁRIO

INTRODUÇÃO 17

1

O DESENHO E SUAS VICISSITUDES.. 23

1.1 "A Caverna dos Sonhos Esquecidos": (In)scritos na Pedra, o Desenho e sua História 23

1.2 O Uso do Desenho na Psicologia e na Psicanálise: Uma Perspectiva Histórica 36

1.3 Desenhar, Narrar e Elaborar: A Constituição Subjetiva nos Tempos do Desenho.. 59

2

DA IMAGEM AO SONHO, DO SONHO À SUA INTERPRETAÇÃO......... 89

2.1 O Sonho e sua Interpretação.. 89

2.2 Os Processos Psíquicos Envolvidos no Sonho 97

2.3 Psicanálise, uma Metodologia de-ciframento................................. 107

3

OS CONCEITOS DE FANTASIA E FANTASMA NA PSICANÁLISE.........115

3.1 Fantasia em Freud 115

3.2 O Fantasma em Lacan a partir da formulação da Fantasia em Freud 122

4

DA MOSTRAÇÃO À BROCAGEM: A CLÍNICA E SEUS DESDOBRAMENTOS ..137

4.1 Caso Clínico 1: Uma Voz a Mais.. 138

4.1.1 Primeiro Fragmento de Sessão (primeira sessão real do paciente) 139

4.1.2 Segundo Fragmento de Sessão (doze meses após o início)................. 154

4.2 Caso Clínico 3: O Menino "Mouco" 164

4.2.1 Primeiro Fragmento de Sessão (correspondente à segunda sessão do paciente) 164

4.2.2 Segundo fragmento de sessão (doze meses após o início) 168

4.3 Fantasia, Fantasma, Sonho e Desenho Infantil: Uma Tracitura.............. 190

5

TRACITURAS.. 199

POSFÁCIO 205

REFERÊNCIAS 209

INTRODUÇÃO

A psicanálise há muito contribui para o estudo da subjetividade humana e dos processos mentais oriundos desta. A partir de seu escopo teórico, oriundo da prática clínica de analistas das mais diversas correntes, foram sendo construídos os dispositivos que auxiliam os analistas no trabalho junto ao sofrimento psíquico de quem os procura.

No desenrolar de um acompanhamento psicanalítico com crianças pequenas, conta-se, para o trabalho, com ferramentas como o desenho, a fala, o brincar, o modelar, as histórias elaboradas e outros elementos que possam surgir durante a sessão (Dolto)[10].

No caso de pacientes adultos, dispõe-se de recursos como a fala, levando-se em conta seus desdobramentos e os processos oníricos, ou seja, os sonhos produzidos, pois estes são, conforme Freud[11] propõe em seu trabalho *Interpretação dos Sonhos*, a expressão de desejos e conflitos inconscientes. Esses elementos também abarcam o leque de dispositivos que um analista pode dispor.

Partindo desses pressupostos e alicerçando-nos nos fundamentos teóricos da psicanálise, tanto freudiana quanto lacaniana, construímos nossa pesquisa visando abordar a fantasia, o fantasma e o desenho enquanto ferramentas clínicas junto à infância, considerando que esses recursos são encarregados de fazer funcionar a dinâmica subjetiva. Pretende-se, no decorrer desta investigação, utilizando três estudos de caso acompanhados por cerca de dois anos, ler no desenho infantil as fantasias e os tempos de constituição edípicos, evidenciando esses tempos tanto no desenho como na estruturação do fantasma, segundo a proposta de Lacan, que discutiremos ao longo do livro.

Além disso, contaremos com os trabalhos de Freud[12] sobre os estudos metapsicológicos, relativos à descoberta do inconsciente e ao paradigma dos sonhos que testemunham sua existência. Para essa leitura, utilizaremos como recurso didático a apresentação do arcabouço teórico e a formalização de uma grelha metodológica, método utilizado desde os primórdios da psicanálise como modo de entendimento teórico, bem como para a demarcação da cientificidade e ética que a permeiam.

---

[10] DOLTO, F. *Psicanálise e Pediatria*. Rio de Janeiro: Zahar, 1980.

[11] FREUD, S. [1900]. *In: Obras Completas*: A Interpretação dos Sonhos. Rio de Janeiro: Imago, 1996. Parte I, v. IV.

[12] *Id.* ([1915]1917). *In: Obras completas*: Artigos sobre Metapsicologia. Rio de Janeiro: Imago, 1996b. v. XIV.

Por que nos interessa tomar o referencial dos sonhos como metodologia para interpretar o desenho? Freud[13], no célebre texto *A Interpretação dos Sonhos*, elaborou a tese de que os sonhos prolongam o ofício e os interesses da vida em vigília, jamais se ocupando de detalhes insignificantes. Além disso, demonstrou, pela experiência clínica, que os sonhos são hipermnésicos, ou seja, dotados de uma excitação da memória que acessa com facilidade o material proveniente da infância do sujeito. "Nossa teoria dos sonhos encara os desejos originários do infantil como a força propulsora indispensável para a formação dos sonhos"[14]. Esse é um dos aspectos que justifica a relevância do uso do trabalho da *Interpretação dos Sonhos* nesta pesquisa, pois teremos como horizonte o universo da infância.

Além do exposto, nos interessa também partilhar do pensamento freudiano de 1900, ou seja, a ideia de que a atividade inconsciente da fantasia tem grande importância e responsabilidade na formação dos pensamentos oníricos. Observamos também grande representatividade dessa atividade inconsciente no que tange ao desenho infantil e à produção de suas respectivas histórias. Por essa razão, partimos das seguintes indagações.

Se tomarmos que, nos desenhos infantis, temos um traçado que se conclui numa imagem e uma história elaborada dessa imagem, e que, nos sonhos dos adultos, temos também uma imagem e um relato dessas cenas, podemos utilizar o viés da interpretação dos sonhos para ler os desenhos, já que existem elementos que se imbricam? Que relação existe entre a produção gráfica de uma criança e o seu inconsciente? E ainda, quais fantasias que ali se projetam, tomando forma e contorno nas histórias enunciadas? Qual é o lugar do desenho na constituição subjetiva de uma criança? E por fim, será possível, a partir do desenho, ler a construção fantasmática?

Gostaríamos de ressaltar aqui o que Freud[15] propõe acerca da projeção dos conteúdos que surgem no material onírico e, além disso, que aquilo que é suprimido vem como força propulsora para a produção dos sonhos, sendo esses desejos originários do infantil de cada um.

Se nos ativermos a olhar/escutar uma criança, perceberemos de imediato que ela não produz qualquer coisa, sua produção estabelece um certo número de relações. Ou seja, é levada em conta a maneira

---

[13] FREUD, S. (1900). *In: Obras Completas*: A Interpretação dos Sonhos. Rio de Janeiro: Imago, 1996. Parte 1. v. IV.

[14] *Ibid.*, p. 616.

[15] *Ibid.*

como escolhe utilizar a folha, o que desenha primeiro, por onde inicia seu traçado, as questões cromáticas, a escolha do material, e assim por diante. As linhas estabelecem relação com o que é dito sobre a produção e, além disso, as produções têm variantes em sua posição, umas em relação às outras, referindo-se a uma estrutura na qual os elementos são ligados por um laço oculto, a ponto de uma modificação em um dos elementos causar alteração em todos os outros. Esse trabalho de construção é tão próprio de quem cria que torna o desenho uma escritura e, sendo uma, inevitavelmente trará algo do inconsciente que ela revela e oculta[16].

Meu interesse pelo tema do desenho na infância é oriundo da trajetória clínica de dezenove anos de trabalho e de estudos sobre a infância, que englobam grupos teóricos em instituições, em especial, um grupo de estudo sobre o desenho infantil e a constituição subjetiva. Essas bases teóricas permitiram que me lançasse em uma pesquisa visando investigar, com mais profundidade, o uso do recurso do desenho e o lugar que ele ocupa para a criança em um tratamento psicanalítico.

Para tal investigação, propus como tela inicial o aprofundamento da temática do desenho, desde sua origem até a utilização enquanto técnica de leitura na psicanálise, para situar sua pertinência enquanto instrumento analítico. Além disso, sob a perspectiva freudiana e lacaniana, abordarei a constituição subjetiva desde o momento especular, narcísico, até as etapas edipianas, em concomitância com a evolução dos desenhos nestes tempos de constituição e construção do fantasma no *matema* lacaniano, termo utilizado para formalizar matematicamente o conceito. Valer-me-ei dos círculos desenvolvidos pelo matemático Euler, *os círculos de Euler*, para representar graficamente os tempos subjetivos descritos, método pertencente à topologia lacaniana.

Utilizei a metapsicologia freudiana do sonho enquanto paradigma de análise para ler os desenhos, no que tange aos processos e mecanismos da condensação, deslocamento, figurabilidade, dramatização, sobredeterminação, pensamento manifesto e conteúdo latente. Entendo que sonho, mecanismos psíquicos, projeção, fantasia, fantasma e desenho se articulam. No sonho, como também no desenho, existe um fantasiar e, por detrás desse, a articulação de um fantasma, que é o que diz de um sujeito, conforme circulam as fantasias em torno dele.

---

[16] VASSE, D. *O umbigo e a Voz*: Psicanálise de Duas Crianças. São Paulo: Loyola, 1977.

Minha experiência mostra que o funcionamento psíquico da criança ainda está muito imaturo, por isso ela necessita tanto da motricidade quanto do simbolismo, trazendo, no fundo, uma fala sem palavras. A criança muitas vezes sente mais do que pensa, no entanto há um saber infantil que está para além do que ela sabe conscientemente: é o "saber que não se sabe". É nesse lugar que, por vezes, a criança está situada. Assim, ela vem sem condição de acesso a uma cadeia mais consistente de palavras para poder falar de si, e essa cadeia se inicia na cena em que se propõe o desenho. É por meio do desenho que ela pode buscar sua posição de sujeito nas palavras que vai ensaiando, naquilo que enuncia, fazendo do desenho uma escritura, onde o não dito resta como o material que nos interessa pesquisar.

Figura 1 – Diário Rupestre

Fonte: Zetti Toledo (2021)

O DESENHO E SUAS VICISSITUDES

1.1 "A Caverna dos Sonhos Esquecidos": (In)scritos na Pedra, o Desenho e sua História

> *A escrita, então, é um traço onde se lê um efeito de linguagem. É o que se passa quando vocês garatujam alguma coisa.*
> *(Lacan)[17]*

Dos registros mais longínquos que temos, o desenho é considerado uma das formas de comunicação mais remota entre os humanos, e suas histórias possivelmente iniciam simultaneamente[18].

Proponho ao leitor uma viagem no tempo, há cerca de 40 a 10 mil a.C., com o propósito de aterrissar no período Paleolítico da Pré-História, palco da história da arte – da arte rupestre, sendo essa a notícia dos primeiros registros humanos, exatamente na época anterior à escrita. Tais registros são frutos do trabalho de pesquisadores, antropólogos e historiadores que, por meio do material encontrado, revisitaram a cultura do homem da Idade da Pedra, registrando as primeiras manifestações artísticas[19]. Como tela para seus registros, o homem pré-histórico delineou, sobre rochas, seres humanos, dados do seu mundo, elementos da natureza que envolviam seu entorno, signos e figuras geométricas. Também moldou em ossos, pedras e chifres, artefatos que os auxiliavam na lida diária[20]. Nas cavernas, o homem pré-histórico expressava suas vivências tanto com seus desenhos na superfície das rochas quanto gravando a palma da sua mão, também conhecida como "mão em negativo", como forma de identificação.

---

[17] LACAN, J. [1973]. *Seminário livro 20:* Rodinhas de Barbante. Rio de Janeiro: Zahar, 1985. p. 164.

[18] MIRANDA, N. *600 anos de perspectiva rigorosa*: breve história do Desenho. *Perspectiva*, [s. l.], 2012. Disponível em: https://sites.google.com/site/perspetiva600/historia-do-desenho-e-da-perspectiva. Acesso em: 26 nov. 2018.

[19] PROENÇA, G. *História da Arte*. São Paulo: Ática, 1999.

[20] MIRANDA, N. *600 anos de perspectiva rigorosa*: breve história do Desenho. *Perspectiva*, [s. l.], 2012. Disponível em: https://sites.google.com/site/perspetiva600/historia-do-desenho-e-da-perspectiva. Acesso em: 26 nov. 2018.

Muitas são as elucubrações acerca dessas expressões. Proença[21] nos propõe uma hipótese curiosa: a de que essa arte teria sido realizada por caçadores, fazendo parte de um rito, magia, ou melhor, de que o "pintor-caçador" supunha ter uma espécie de força sobre o animal, sendo apto a caçá-lo desde que possuísse, de fato, sua imagem. Uma espécie de internalização do objeto ora desejado.

Tem-se registro de que as primeiras imagens de seres vivos, os 'desenhos moldados', como preconizavam Dolto e Nasio[22], conforme entendiam as modelagens das crianças, foram encontradas na era paleolítica, no subterrâneo das grutas de Altamira, Lascaux e LesTroisFrères. O que denota que o homem da Idade da Pedra possuía uma capacidade criativa fascinante, corroborando com o conceito do homem pré-histórico enquanto artista e com a própria noção da história da arte[23].

Utensílios de pedra, ossos gravados e estatuetas pré-históricas foram encontrados nas cavernas, e o inusitado disso, como conta Boorstin[24], é que tais artes não foram descobertas por pesquisadores, paleontólogos ou arqueólogos, como era esperado, mas sim pela curiosidade exploratória de crianças e cães.

Em 2010, Werner Herzog, cineasta alemão, com o intuito de buscar imagens inéditas que pudessem impactar com certa surpresa uma sociedade em que as imagens, para o cineasta, se encontram vulgarizadas, produziu um documentário muito interessante chamado *A Caverna dos Sonhos Esquecidos*. Tal documentário faz alusão à Caverna de Chauvet, no sul da França, descoberta em 1994, berço dos registros mais antigos da criação humana, contemplando 400 pinturas rupestres, datadas de mais de 30 mil anos, "sendo umas das mais antigas representações da imaginação e da capacidade de simbolizar do homem"[25]. Após autorização do Ministério Francês da Cultura, com uma equipe reduzida de quatro pessoas, Herzog deu início à filmagem de uma das maiores obras de arte mundiais.

Na companhia de um lampião refletido nas pinturas, em certo momento, narra Herzog: "Essas imagens são lembranças de sonhos esquecidos [...], a caverna é como um momento congelado no tempo"[26].

---

[21] PROENÇA, G. *História da Arte*. São Paulo: Ática, 1999.

[22] DOLTO, F. e J-N. *A Criança do Espelho*. Rio de Janeiro: Zahar, 2008.

[23] BOORSTIN, D. *Os Criadores* – Uma história dos heróis da imaginação. Lisboa: Gradiva, 1993.

[24] *Ibid.*

[25] TEIXEIRA, J. *A relação de Herzog com a imagem*: Uma análise do filme A caverna dos sonhos esquecidos. *Lume*, [s. l.], 2016. Disponível em: https://lume.ufrgs.br/handle/10183/157316. Acesso em: 18 dez. 2018.

[26] HERZOG, W. Documentário: *A caverna dos Sonhos Esquecidos*. [S. l.: s. n.], 2010. 1 vídeo (1h e 35min). Disponível em: http://www.adorocinema.com/filmes/filme-185189/. Acesso em: 20 dez. 2018.

Documentado e registrado para quem tiver a curiosidade e o interesse em acessá-lo, tal narrativa faz-nos aludir à dinâmica do inconsciente de um paciente em processo analítico, no qual se revisitam imagens, lembranças e sonhos nem sempre tão esquecidos, para, a partir disso, ressignificá-los.

Durante as filmagens do documentário, as imagens pareciam ter movimento, com variação de cores. Conforme as ondulações das rochas, partes representadas dos corpos dos animais adquiriam outras perspectivas, surgindo dessas variantes novas figuras, pois as paredes da caverna, conforme a narrativa de Herzog, tinham uma dinâmica tridimensional em função dos relevos nas rochas. Um exemplo disso é o lindo painel dos cavalos. Como me propus, nesta obra, a trabalhar o desenho, optei por mesclar palavras e imagens no decorrer do nosso percurso. Compartilho, então, a imagem dessa tela extraordinária, capturada pela câmera de Herzog: um cavalo em quatro tempos, dando a ideia da projeção do movimento.

Figura 2 – Painel dos cavalos.

Fonte: Pintura Rupestre encontrada na Caverna de Chauvet, França, 2010. Judith Thurman[27]

Faço uma pequena alusão a uma das três formas temporais do sujeito que o psicanalista Jacques Lacan[28] irá trabalhar em seus *Escritos*, no texto *O tempo lógico e a asserção de certeza antecipada: Um novo sofisma*. Nessa preciosa elaboração, Lacan nomeia o tempo lógico como sendo o

---
[27] *Ibid.*
[28] LACAN, J. [1945]. *Escritos*: O tempo lógico e a asserção de certeza antecipada. Um novo sofisma. Rio de Janeiro: Zahar, 1998.

que arriscaria alcançar a inscrição temporal do desejo do sujeito, o qual também estará na lógica do encontro e das palavras, fazendo com que o momento de interrupção de uma sessão promova algo no paciente em relação a seu inconsciente. Para tanto, ele formula três formas temporais: o instante de ver, o tempo de compreender e o momento de concluir[29].

Impactada por tal arte, insiro esses tempos de Lacan para pôr em destaque o primeiro tempo subjetivo: *o instante de ver*. Fui capturada pela bela tela dos cavalos, pois me remonta à *ideia do instante*. Portanto, se entendo que tudo se origina do cavalo de baixo, com riscos mais fortes, tenho um cavalo inicialmente, após temos outro e temos mais dois, neste instante que se repete. No entanto, cada vez que o artista o produz, ele se modifica tornando-se outro ou algo diferente. De um cavalo, temos mais três, diferentes do primeiro. Essa variação, que também ocorre com os desdobramentos do significante, muito me interessa na pesquisa que estou desenvolvendo.

Voltando ao documentário, o jogo de luz, sombra, relevo e fissuras da caverna tornava "vivas" as pinturas, com uma mescla de animação e movimento. Para Herzog, a caverna não era o local específico em que os homens paleolíticos moravam, mas um local onde se reuniam para uma análise coletiva das pinturas, nos moldes de uma sala de cinema pré-histó-rica[30]. Outros autores, como Janson e Janson[31], compartilham dessa mesma impressão acerca da expressão das pinturas rupestres, concordando que são surpreendentes as imagens pintadas nas paredes e tetos das superfícies rochosas, parecendo movimentar-se com rapidez. O homem pré-histórico pintava bisões, cavalos, veados e bois, profusamente representados em movimento, alguns com apenas contornos em negro e outros com cores extremamente brilhantes, revelando sua impressão de vida[32].

Sob o teto da caverna de Altamira, ao norte da Espanha, há a ima-gem de um bisão ferido, nome que deram a essa pintura. Chama atenção o agudo senso de observação e percepção de quem representou essa cena. Percebe-se nessa imagem a força e a dignidade do animal nos últimos momentos de agonia, devidamente retratados[33]

---

[29]   *Ibid.*

[30]   TEIXEIRA, J. *A relação de Herzog com a imagem*: Uma análise do filme A caverna dos sonhos esquecidos. *Lume*, [s. l.], 2016. Disponível em https://lume.ufrgs.br/handle/10183/157316. Acesso em: 18 dez. 2018.

[31]   JANSON, H. W.; JANSON, A. *Iniciação à História da Arte*. São Paulo: Martins Fontes, 1996.

[32]   *Ibid.*

[33]   JANSON, H. W.; JANSON, A. *Iniciação à História da Arte*. São Paulo: Martins Fontes, 1996.

Figura 3 – Bisão ferido: Pintura Rupestre (15.000-10.000 a.C.)

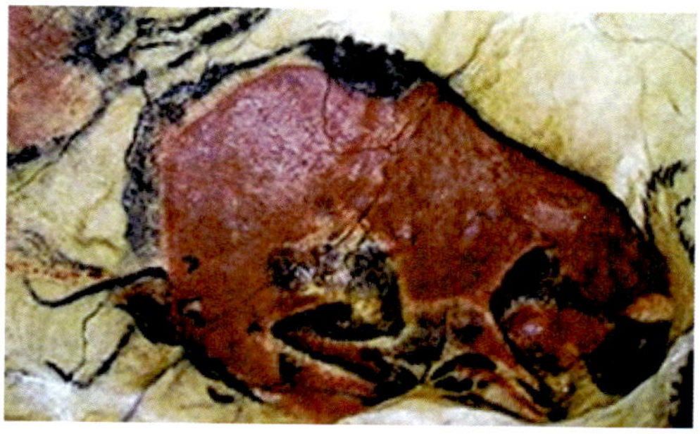

Fonte: Iniciação à História da Arte[34]

Uma pergunta insiste em nos acompanhar – afinal, onde no mundo há arte rupestre? É bastante curioso que tenhamos registros da arte rupestre espalhados nos cinco continentes: Europa, como já exposto, América, África, Ásia e Oceania. Vamos a eles!

Na América, em especial no Brasil, foram registrados 275 sítios arqueológicos com gravações e pinturas no Ceará, Paraíba, Rio Grande do Norte, Piauí e Pernambuco. Imagina-se que tais registros tenham sido elaborados por indígenas e holandeses[35]. Encontramos as mais remotas mostras de pinturas rupestres no Brasil, datadas de cerca de 13.000 a.C., na Serra da Capivara, no Piauí. Compartilharemos aqui a imagem de um desenho muito expressivo:

Figura 4 – Pintura eleita para representar a logomarca do Parque Nacional Serra da Capivara

Fonte: Coleção Eco Exposições.[36]

---

[34] Ibid., p. 25.
[35] GASPAR, M. *A arte rupestre no Brasil*. Rio de Janeiro: Zahar, 2003.
[36] NETTO, L. Coleção Eco Exposições. *Panorama Cultural*, [s. l.], 2025. Disponível em: http://panoramacultural.com.br/galeria-sitios-arqueologicos-da-serra-da-capivara/. Acesso em: 29 jul. 2017.

O que nos admira é a capacidade simbólico representativa contida nessas imagens. Mesmo tendo em vista que um desenho só pode ser interpretado a partir do relato de quem o produz, nesse caso, não temos uma narrativa, temos só a imagem, e uma imagem que fala por si.

Peço licença ao leitor para arriscar um palpite de leitura acerca desse desenho da Serra da Capivara. Afinal, não temos um desenho qualquer: chama-nos atenção a pintura deste ser de quatro patas; com a barriga do animal; uma pintura como representação de um líquido, fazendo alusão à gestação, por isso da mesma cor da representação do líquido na barriga. Abaixo, uma certa duplicidade da imagem e, por último, outra representação de um ser. Parece-me haver aqui um desenho de três representações em tempos de evolução distintos: o ser dentro da barriga, o ser fora da barriga, que se desdobra em outro desenho, agora não mais utilizando as quatro patas, mas duas. Estamos aqui diante de inúmeras representações: uma referência direta à gestação, seguida pela vida intrauterina, depois o ser no seu crescimento embrionário e, por fim, a evolução do próprio ser ao nascer.

Faz-se crucial revisitarmos a antropologia, em especial os estudos de Claude Lévi-Strauss[37], acerca do xamanismo, dos rituais, dos símbolos, das terapias não convencionais, além de questões como maternidade e morte, temas muito representados entre os clãs. Para esse autor, o estudo dos mitos de variados lugares permitirá articular que o conteúdo psíquico e cultural de cada indivíduo está presente independentemente da influência entre os povos, sendo inerente ao ser humano, e indo além do das exigências externas, culturais ou de convivência entre as gerações[38]. O desenho da Serra da Capivara é a representação de um desses mitos mais importantes, trabalhados na história da antropologia e da evolução a nível cultural e de gerações: a questão da vida e da morte, da mãe natureza, da gestação, do mundo subterrâneo, da terra, da fertilidade, do mundo visível, entre muitos outros desdobramentos.

A partir da psicanálise, posso arriscar dizer que os dois primeiros desenhos retratam uma inscrição parental, um lugar de filiação e inscrição de um projeto simbólico. O terceiro desenho, uma figura, um ser representado de forma diferente da representação animal anterior, denota a capacidade plástica, simbólico-representativa, em pleno vigor.

---

[37] LEVI-STRAUS, C. *Antropologia Estrutural*. São Paulo: UBU, 2017.

[38] LEVI-STRAUS, C. *Antropologia Estrutural*. São Paulo: UBU, 2017.

Ao passar dos anos, a forma de desenhar, pintar e os próprios temas representados foram sofrendo alterações. Percebo isso, em especial, nas pinturas encontradas em N'AjjerTassili, região do Saara, na África, datadas de cerca de 4.500 a.C. Representações da vida coletiva e cotidiana passaram a fazer parte dos registros, seguindo a ideia de movimento por meio de uma imagem fixa[39]. Observe tais imagens:

Figura 5 – Laços sociais e animais.

Fonte: Pintura em Tassili, região do Saara, África.[40]

Figura 6 – Colheitas do dia a dia.

Fonte: Pintura em Tassili, região do Saara, África.[41]

Temos, no Deserto do Saara, no norte da África, mais de 15 mil pinturas com representações de animais e cenas distintas, que evidenciam o caráter migratório tanto da fauna quanto da evolução da vida humana[42].

---

[39] GASPAR, M. *A arte rupestre no Brasil*. Rio de Janeiro: Zahar, 2003.
[40] PROENÇA, G. *História da Arte*. São Paulo: Ática, 1999, p. 14.
[41] *Ibid.*, p. 14.
[42] CELIS, D.; CONTRERAS, A. Original do Manual de arte rupestre de Cundinamarca. *RupestreWeb*, [s. l.], 2004. Disponível em: www.rupestreweb.info/introduccion.html. Acesso em: 4 fev. 2019.

Essas imagens representam o laço social, um laço tecido com o outro, retratado na lida com os animais, nos momentos de inter-relação entre os sujeitos e nas colheitas do dia a dia, como é referido na figura 5. Temos, então, um cenário que vai se modificando conforme a evolução dos laços e do ser humano. Nesse outro panorama, vão se inserindo novos pontos de ancoragem simbólicos.

Pinturas rupestres também foram encontradas no sudeste da China, na região de Huashan. A estimativa é que cerca de 1.800 figuras foram descobertas, remontando há mais de 2.000 anos. Na Figura 6, segue o detalhe retirado de um dos maiores painéis de pictogramas do mundo.

Figura 7 – Rochas Huashan

Fonte: Detalhe de um painel no Sudoeste da China[43]

Essa pintura também é conhecida como a "representação de um guerreiro", um painel com muitos guerreiros armados com espadas, acompanhados por cães e aves[44]. É interessante observar a evolução do traço e da representação: as mãos dos guerreiros estão bem simuladas, os corpos mais torneados, os desenhos em grupo ganham destaque.

---

[43] ROCAS HUASHAN. *RupestreWeb*, [s. l.], 2025. Disponível em: www.rupestreweb.info/introduccion.html. Acesso em: 2 jan. 2019.

[44] CELIS, D.; CONTRERAS, A. Original do Manual de arte rupestre de Cundinamarca. *RupestreWeb*, [s. l.], 2004. Disponível em: www.rupestreweb.info/introduccion.html. Acesso em: 4 fev. 2019.

Não me causou surpresa a descoberta de outra reserva arqueológica e etnológica no quinto continente, a Oceania, no Parque Nacional de Kakadu, Austrália. Retratados há cerca de 40 mil anos, as pinturas, gravuras e sítios arqueológicos são testemunhas de hábitos e habilidades dos povos da região[45]. Nessa região, ainda vivem povos aborígenes que seguem cultivando como parte de sua antiga tradição o fazer da arte rupestre. Ilustrarei essa arte com o compartilhamento da obra *Os Irmãos Iluminados*.

Figura 8 – Los Hermanos Iluminados

Fonte: Território do Norte, Austrália[46]

Em linhas gerais, há uma tendência de os pesquisadores presumirem que a elaboração da arte rupestre era uma questão coletiva, uma arte pública, possivelmente realizada em eventos cuja natureza propiciasse o ritual, coordenadas por figuras como xamãs ou sacerdotes, que seriam os "artistas". Além disso, supunha-se também que os locais foram pos-

---
[45] *Ibidem*.
[46] Los Hermanos iluminados. *RupestreWeb*, [s. l.], 2025. Disponível em: www.rupestreweb.info/introduccion.html. Acesso em: 2 jan. 2019.

teriormente visitados e convertidos em locais de ensino e transmissão de conhecimentos, como a caça e o contato com os animais, representando assim um "lugar de iniciação"[47].

Em muitas dessas artes encontramos cores, uma técnica conhecida como pictograma, do latim *pictum*: relativo à pintura, e do grego *grafo*: traçar.

Pesquisas mais recentes, envolvendo a equipe do arqueólogo português João Zilhão, do Centro de Arqueologia da Faculdade de Letras da Universidade de Lisboa, resultaram na publicação de um artigo na revista científica *Science* de 2018, revelando novas descobertas acerca da arte rupestre paleolítica, com uma datação ainda mais antiga, nas grutas da Península Ibérica, datando em pelo menos 66,7 mil a 64,8 mil anos[48]. A partir disso, Zilhão sugere que as pinturas rupestres podem ter sido realizadas por neandertais, e não pelo homem moderno, como se presumira.

Posso apontar que o desenho é mais antigo do que se pensava. Foi uma das primeiras formas de registros de comunicação gráfica encontradas ao longo da pré-história e segue sendo ainda uma modalidade cuja forma de expressão é capaz de revelar tantas outras funções, desdobramentos e elaborações. Além disso, posso presumir que o desenho é, para o humano, um dos testemunhos mais contundentes da diferenciação do homem em relação a outros seres vivos da natureza: ele é o único animal que fala, da mesma forma que é o único que desenha. Ao desenhar e reproduzir a natureza, denuncia que pertence a ela de outra maneira. Ou seja, ao desenhar os elementos da natureza, ele já está fora dela.

O desenho persiste no tempo e, como posso perceber, está pulverizado nos cinco continentes. Isso situa-me a pensar sobre a questão do simbólico, pois o estatuto primevo do desenho aponta para uma pré-existência do simbólico. Esse pode ser entendido conforme propôs Lévi-Strauss[49], por exemplo, com a questão dos mitos, dos símbolos como tentativa de organização simbólica de uma cultura, a ponto de influenciar o comportamento das pessoas e suas relações sociais. Lacan[50] irá dizer que

---

[47] CELIS, D.; CONTRERAS, A., *op. cit.*

[48] HOFFMANN, D. *et al.* Uso simbólico de conchas marinhas e pigmentos minerais pelos neandertais ibéricos há 115.000 anos. *Avances*, [s. l.], 2018. Disponível em: https://advances.sciencemag.org/content/4/2/eaar5255. Acesso em: 25 dez. 2018.

[49] LEVI-STRAUS, C. *Antropologia Estrutural.* São Paulo: UBU, 2017.

[50] LACAN, J. [1953-1963]. *Nomes-do-Pai.* Os quatro conceitos fundamentais da psicanálise – O simbólico, o imaginário e o real. Rio de Janeiro: Zahar, 2005.

o simbólico é quando algo assume um valor socializado e compartilhado, virando referência para um certo comportamento coletivo. O simbólico está na estrutura de linguagem de um povo, sendo "símbolos organizados na linguagem"[51].

É justamente esse ponto que me interessa fomentar, pois no desenho temos algo desse traço que revela o simbólico presente nas representações, como nas cenas de caça e de dança, que, ao se tornarem imagens, destacam-se do puro real que, de outra forma, jamais denunciaria a presença do humano sobre a terra. Para tanto, se entendo que o simbólico faz um sujeito, um ser regido pela linguagem, como nos apontou Lacan[52], e que a arte rupestre é a pré-existência da escrita, posso considerar que o simbólico tem esse mesmo estatuto: ele pré-existe. Sendo assim, é possível considerar uma espécie de dimensão ou estrutura rupestre do simbólico, uma estrutura cifrada no traço.

Nos parece possível fazermos uma analogia das "artes rupestres" com o inconsciente, tal qual Lacan preconizou no seu texto *Função e Campo da fala e da Linguagem*:

> O inconsciente é o capítulo de uma história que é marcado por um branco ou ocupado por uma mentira: é o capítulo censurado. Mas a verdade pode ser resgatada; na maioria das vezes, já está escrita em outro lugar. Qual seja: nos monumentos [...] esse é meu corpo [...], nos documentos de arquivo [...] lembranças da infância, na evolução semântica [...], vocabulário, estilo e caráter particulares, nas tradições [...] lendas que veiculam minha história e nos vestígios, [...] distorções exigidas pela reinserção do capítulo adulterado nos capítulos que o enquadram, e cujo sentido, minha exegese restabelecerá.[53]

Ainda na perspectiva do inconsciente e do simbólico, arrisco-me neste momento a fazer uma alusão à caverna, que, na pré-história da humanidade, denunciou uma inscrição necessária, como correlativa à caverna – o útero. Assim como na pré-história, a criança deve estar presente em sua pré-história, antes mesmo de existir. Ou seja, o que chamamos em psicanálise de antecipação simbólica, o desejo antecipado do Outro, é necessitar existir previamente para que o sujeito possa nascer.

---

[51] *Ibid.,* p. 23.

[52] *Id.* [1953]. *Escritos*: Função e Campo da Fala e da linguagem. Rio de Janeiro: Zahar, 1998.

[53] LACAN, J. [1953]. *Escritos*: Função e Campo da Fala e da linguagem. Rio de Janeiro: Zahar, 1998, p. 260-261.

Desenhos pintados em paredes, modelados ou esculpidos, esses que iniciaram no paleolítico, possivelmente até por neandertais, conforme nos sugerem as evidências, são objetos de nosso interesse. Passarei agora, para outro contexto, o das produções gráficas clínicas, pois é o cerne da minha investigação.

Figura 9 – Anatomia

Fonte: Zetti Toledo (2021)

1.2 O Uso do Desenho na Psicologia e na Psicanálise: Uma Perspectiva Histórica

[...] Eu já te contei tudo desenhando.
(Jacques R./Sophie Morgenstern)

Conforme você viu, o desenho perpassa a história da humanidade, contribuindo para o registro que aponta para a capacidade simbólica que o ser humano tem de deixar marcas ao longo do tempo.

Os profissionais que se ocupam da infância não hesitam em recorrer ao desenho nos seus encontros com crianças ou até pré-adolescentes para certificarem-se de algo. Gosto de realçar o desenho infantil, como Cognet[54] põe em perspectiva: "uma expressão incontornável da dimensão subjetiva das crianças".

Posso dizer que o destino do desenho é multiforme, ou seja, pode ser lido de diversas maneiras, pois dependerá do olhar de quem o interpreta. Assim, para um psicólogo ou psicanalista, o desenho surgirá como um espelho que revelará, a partir do discurso ou da narrativa que o acompanha, reflexos ora nítidos, ora opacos e obscuros dos conflitos intrapsíquicos do sujeito. Para um professor, o que será relevante observar será a evolução do desenvolvimento em comparação com o desenvolvimento pedagógico de outras crianças. Para as famílias, ele é, por vezes, um presente que evoca a beleza do traço e a capacidade de uma criança criar a partir de seu imaginário[55].

O desenho mostra-se pulverizado não só em diversos continentes, como vimos no capítulo anterior, mas também em diferentes áreas: na arte – seja ela moldada, esculpida ou pintada; na literatura: ao imaginar o que se lê; na arquitetura e na engenharia: no desvelar dos sonhos de quem almeja o projeto e em sua própria elaboração, ou na criação de um design; nas ruas: com o uso dos grafites; no corpo: em forma de tatuagens ou esculturas sobre a pele; nas imagens dos sonhos do sonhador e nas lembranças, trazendo à memória telas passadas. Assim, veicula uma marca de representação singular para cada modo de manifestação.

A partir das observações anteriores, parece-me imprescindível rememorar alguns precursores teóricos que empregaram o uso do desenho, especialmente no âmbito da psicanálise nos atendimentos com

---

[54] COGNET, G. *Compreender e Interpretar Desenhos Infantis.* 2. ed. Petrópolis: Vozes, 2014. 9 p.

[55] *Ibid.*

crianças, com o intuito de evidenciarmos as contribuições teóricas de cada autor. Sei que o desenho é utilizado também por psicólogos que o empregam como ferramenta de avaliação. Pretendo, então, a partir de agora, desenvolver a questão do desenho na perspectiva da psicanálise, sabendo que meu espaço e tempo é curto para dar conta de um assunto que não perpassaria o escopo desse livro.

Foi com Sigmund Freud, pai da psicanálise, que inicialmente tive a oportunidade de presenciar a cena da criança e do infantil, sendo que este último aspecto emerge do divã dos adultos, em especial dos pacientes com histeria. Ao percorrer a obra freudiana, deparei-me com insistentes relatos de histórias com teor de sedução, em particular das pacientes. Somente a partir desse trabalho de escuta, constatou-se que as queixas e os sintomas descritos não eram de uma vivência real dos fatos, mas sim, eram frutos de um desejo recalcado, anunciado numa sintomatologia neurótica.

Em 1895, na segunda parte do *Projeto para uma Psicologia Científica*, Freud[56], no capítulo sobre *Psicopatologia*, dará mostras da presença desse infantil na análise de seus pacientes adultos. Compartilhará o caso *Emma*, cujo sintoma apresentado era o de não conseguir entrar sozinha em lojas. A paciente recorda-se: a primeira memória, por volta dos 12 anos, ao entrar numa loja, percebe dois jovens rindo entre si, assusta-se e sai correndo. Para ela, eles riam de seu vestido e um deles lhe havia agradado sexualmente. A segunda lembrança foi aos 8 anos, por duas ocasiões. Emma dirigiu-se a uma confeitaria, lugar no qual havia sido tocada sobre o vestido, na região do órgão genital, pelo proprietário que sorrira com ironia. Acabou retornando ao lugar outras vezes. A partir disso, o autor reunirá os elementos: vestido, riso e atração sexual para propor que a angústia de estar sozinha numa loja estaria vinculada a um medo inconsciente de que os rapazes pudessem repetir o ataque praticado pelo proprietário da confeitaria, ou seja, teria engajado um desejo de sedução nesse cenário[57].

É interessante pensar que será a partir dessa descoberta, de que o sofrimento histérico é decorrente do desejo e que as histórias que articularão essa lógica provêm do passado, da infância, não necessariamente de algo que se viveu, mas do que se desejou ter vivido, que Freud apontará para

---

[56] FREUD, S. ([1985]1950). *In: Obras Completas Projeto para uma psicologia científica, Psicopatologia*. Rio de Janeiro: Imago, 2006a. Parte II, v. I.

[57] *Ibid.*

a existência de uma sexualidade infantil e para um sujeito sexualmente desejante na infância. Esses pontos abrem caminho para o nascimento de uma clínica da infância mais aprofundada e consolidada.

Os fundamentos para o desenvolvimento da psicanálise de crianças foram fornecidos pelo próprio Freud nos atendimentos de adultos, ao constatar que as causas que precipitavam os primeiros transtornos tinham sua origem em fatos da infância [58].

Foi com a análise do pequeno Hans, que sofrera de uma fobia de animais em sua primeira infância, que Freud[59] escreveu o texto conhecido como *Análise da fobia de um garoto de cinco anos*. Nesse trabalho, ele levantou hipóteses acerca de um tratamento psicanalítico com crianças. Com base nisso, lançou o primeiro modelo de análise infantil, conforme utilizado com adultos, ou seja, desvelando para a criança tanto seus desejos edípicos quanto sua angústia de castração. O trabalho se deu por intermédio do pai de Hans, que registrava episódios e explanações do filho, repassando-os a Freud, que interpretava as brincadeiras, sonhos e fantasias, revelando o sentido desses elementos para serem restituídos ao menino.

Figura 10 – Desenho "Faz-pipi"

Fonte: Análise da Fobia de um garoto de cinco anos[60]

---
[58] ABERASTURY, A. *Psicanálise da criança*: Teoria e Técnica. Porto Alegre: Artmed, 1982.
[59] FREUD, S. (1909). *In: Obras Completas*: Análise da fobia de um garoto de cinco anos: "O Pequeno Hans". Rio de Janeiro: Imago, 1996. v. X.
[60] *Ibid.*, p. 22.

Freud, já naquela época, abrirá essas questões a propósito da importância da fantasia, das imagens produzidas e das verbalizações que decorrem dessas produções. Na análise do pequeno Hans, irá desfrutar de materiais e conteúdos inconscientes provenientes disso, inclusive conduzirá o deciframento dos sonhos de Hans e das fantasias ligadas à girafa desenhada por Hans e seu pai, promovendo associações. A partir desse caso, Freud confirmará sua teoria da gênese e a sexualidade infantil.

A ilustração da girafa, feita pelo pai de Hans, é originária de um passeio pelo zoológico de Schönbrunn, em Viena, e foi finalizada pelo pequeno Hans com os traços que representam o "faz-pipi", ou seja, um texto inconsciente que passa da imagem para o símbolo[61].

Seguindo essa vertente de inauguração de uma escuta clínica que remete à infância, outro caso clínico de Freud que merece ser rememorado[62] é o do *Homem dos Lobos*. Nessa comunicação, Freud, por meio do relato de um paciente adulto, decantará toda a experiência infantil que originou muitos sintomas e medos de bichos, especialmente o temor pela figura de um lobo. Freud investigava o que seria a formação da cena primitiva e, por conseguinte, a formação das fantasias. Tal procura era composta por duas hipóteses: ou o paciente teria assistido à cópula dos pais, ou isso seria uma construção, uma fantasia. Independentemente da hipótese, Freud levará em conta algo muito precioso, ou seja, que o trauma tem valor de verdade no inconsciente.

Cabe lembrar o sonho que originou o nome do caso, acompanhado por um desenho trazido pelo paciente, material que considero um operador clínico, horizonte desta pesquisa. Em certa sessão, o paciente rememorou que, por volta dos 3, 4, no máximo 5 anos de idade, tivera um sonho em que era noite, a janela de seu quarto abrira, e sobre uma nogueira repleta de galhos secos havia alguns lobos brancos sentados, eram seis ou sete. Diante da imagem, foi acometido por um medo de ser devorado pelos lobos, gritou e acordou. Após o relato, entregou a Freud um desenho do sonho[63].

---

[61] FREUD, S. [1909]. *In: Obras Completas*: Análise da fobia de um garoto de cinco anos: "O Pequeno Hans". v. X. Rio de Janeiro: Imago,1996.

[62] *Id.* ([1914]1918). *In: Obras Completas*: História de uma neurose infantil "O homem dos Lobos. São Paulo: Companhia das Letras, 2015. v. 14.

[63] *Ibid.*

Figura 11 – Desenho do sonho do "Homem dos lobos"

Fonte: História de uma neurose infantil: O Homem dos Lobos[64]

Novamente, tenho uma imagem, uma narrativa acerca dela por meio do sonho e do desenho, e muitas associações que se desdobrarão ao longo das sessões. Não entrarei na minúcia do caso, no entanto, Freud elabora muitas concepções advindas daí e as colocará em relevo, afirmando que:

> [...] a neurose da vida adulta é precedida por uma neurose na primeira infância. [...] Uma doença neurótica no quarto ou quinto ano da infância vem demonstrar, acima de tudo, que as vivências infantis são capazes por si só de produzir uma neurose [...][65]

Freud articulou que os sintomas do paciente se apresentavam como uma formação do inconsciente. O sonho, após todos os desdobramentos e associações trabalhadas, se traduziu como conflito edípico, pois, para o paciente, havia uma impossibilidade em admitir o desejo pulsional erótico expresso na figura do pai, vislumbrando na fobia a possibilidade de resolução desse conflito[66]. Por conseguinte, Freud principiará o que virá mais tarde a se consolidar análise de crianças, escutando esse infantil presente no divã de seus pacientes adultos. Deixará abertura para que Anna Freud, Melanie Klein, Winnicott e outros clínicos e pensadores prosseguissem no desenvolvimento de uma técnica mais específica de trabalho.

---

[64] FREUD, S. ([1914]1918). *In: Obras Completas:* História de uma neurose infantil "O homem dos Lobos. São Paulo: Companhia das Letras, 2015. v. 14. p. 42.

[65] *Ibid.*, p. 75.

[66] *Ibid.*

Por volta de 1920, nasceu a psicanálise de crianças como método, cuja base se estabeleceu no brincar, desenhar e nas narrativas advindas desses momentos. Enquanto método, foi utilizado inicialmente pela psicanalista Hermine Von Hug-Hellmuth (1921), que empregava principalmente os desenhos e o brincar como material de trabalho[67]. Hermine Von Hug-Hellmuth, que era integrante das *"reuniões das quartas-feiras"* propostas por Freud para o estudo e aprofundamento da psicanálise, foi a primeira analista, depois de Freud, a propor uma análise infantil com sessões sistemáticas. Ela iniciou seu trabalho em 1915, orientada pelos fundamentos freudianos, e alguns anos antes de Anna Freud e Melanie Klein[68].

Como técnica de trabalho, Hermine-Hellmuth valia-se do brincar e do desenhar, por conterem grande importância simbólica. Tinha um cuidado ético no manejo durante as sessões, expondo sua preocupação em evitar sugestões provindas do profissional nos atendimentos e inquietando-se também com ações que pudessem ser caracterizadas como invasivas durante as interpretações feitas à criança (*apud* Avellar[69]).

Hermine era estudiosa e apreciadora da obra de Freud. Esse, por sua vez, tivera demasiado respeito pelo trabalho dela, inclusive ao ler o manuscrito intitulado O diário de uma jovem, baseado em memórias autobiográficas da própria Hermine, incentivando-a a publicá-lo. Freud sugeriu essa leitura como imprescindível a pedagogos e a psicólogos que se interessem pelas vicissitudes da passagem da infância à adolescência em meninas, apresentando o livro como um grande estímulo para a investigação psicanalítica da sexualidade feminina[70].

Supõe-se que o desconhecimento que gravita em torno do nome de Hermine-Hellmuth se deva a uma fatalidade. Ela teria sido assassinada pelo sobrinho, que criara e educara conforme os preceitos da pedagogia e da psicanálise[71].

---

[67] ROZA, S. *Quando brincar é dizer*: a experiência psicanalítica na infância. Rio de Janeiro: Relume-Dumará, 1993.

[68] AVELLAR, L. Z. *Jogando na análise de crianças*: Intervir-Interpretar na abordagem Winnicottiana. São Paulo: Casa do Psicólogo, 2004.

[69] *Ibid.*

[70] FENDRIK, S. *Ficção das Origens*. Porto Alegre: Artes Médicas, 1991.

[71] CAMAROTTI, M. O nascimento da psicanálise de criança: uma história para contar. Reverso, Belo Horizonte, v 32, n. 60, p. 49-54, set. 2010. Disponível em: http://pepsic.bvsalud.org/scielo.php?script=sci_arttext&pid=S0102-73952010000300007. Acesso em: 26 dez. 2018.

Os anos posteriores foram marcados por duas psicanalistas prestigiadas no meio analítico ligado à infância. Ambas utilizaram a técnica do brincar e iniciaram a prática clínica na mesma época, por volta de 1923, promovendo concepções distintas e aportes teóricos significativos para a clínica com crianças: Melanie Klein e Anna Freud[72]

Darei destaque agora às contribuições de Melanie Klein, que, em 1914, na Budapeste, aos 32 anos, sentia germinar um interesse genuíno pela psicanálise ao ler *O sonho e sua interpretação* (Über den Traum, 1901), de Sigmund Freud[73].

Nesse período, conforme lembra Thomas[74], iniciou análise com Sandór Ferenczi, que a estimulava a dedicar-se à psicanálise e, em especial, ao que tocava à análise de crianças, pois percebia em Klein uma sensibilidade diferenciada para apreender a angústia e o sofrimento das crianças. Melanie se dizia seguidora de Freud, incorporando alguns conceitos como pulsão de morte, [...] estando na origem tanto do fundamento analítico da prática dos tratamentos com crianças quanto de uma grande corrente da psicanálise, em que a clínica do narcisismo chegou a seu auge[75].

Em suas contribuições, começou por analisar seus filhos, o que era corrente na época. Assim, suas interrogações a levaram longe nas descobertas sobre a psicanálise de crianças[76].

Em 1953, Melanie Klein escreveu um artigo de notável importância para o meio analítico, denominado *A técnica psicanalítica através do brincar: sua história e significado*. Nele, divulgou que suas contribuições acerca da técnica do brincar foram desenvolvidas com crianças pequenas e que um dos princípios da época era que as interpretações necessitavam de moderação, pois, tratando-se da exploração do inconsciente, poderiam ser consideradas perigosas. Por sucessivos anos, também considerava que a psicanálise poderia ser interessante para crianças a partir do período de latência[77].

---

[72] FENDRIK, S. *Psicoanalistas de Niños*: La Verdadeira Historia. Buenos Aires: Letra Viva, 2004.

[73] THOMAS, M.-C. Introdução a Obra de Melanie Klein: A Técnica Psicanalítica do Brincas e suas Descobertas. *In:* NASIO, J. *Introdução às obras de Freud, Ferenczi, Groddeck, Klein, Winnicott, Dolto, Lacan*. Rio de Janeiro: Zahar, 1995.

[74] *Ibid.*

[75] *Ibid.*, p. 138.

[76] *Ibid.*

[77] KLEIN, M. ([1953]1955). A técnica psicanalítica através do brincar: sua história e significado. *In:* KLEIN, M. *Inveja e gratidão e outros trabalhos*. Tradução de L. P. Chaves *et al*. Rio de Janeiro: Imago, 1991.

Ainda nesse artigo, Melanie fez referência a um caso clínico, ao qual chamou de "Fritz", um menino de 5 anos que foi atendido em sua própria residência, fazendo uso de seus brinquedos. Ao interpretar o material que a criança produzira no seu brincar, Melanie inaugurou a técnica a partir dessa atividade, intervindo na exploração das fantasias e ansiedades advindas das sessões, que se reproduziam enquanto material adicional nas próprias formulações do brincar[78]. Soube-se, na posteridade, que esse relato de caso fazia referência a seu terceiro filho, Erich. Na época, era comum a análise dos próprios filhos[79].

Com esse caso, chama-me a atenção a proposição utilizada por Melanie em termos do "material adicional" que surge no brincar e desenhar. De acordo com as intervenções, é possível perceber a cadeia associativa inconsciente que se confirma diante do brincar, do desenhar e do que é enunciado acerca disso. O caráter revelador e a essência das formulações de Melanie Klein se evidenciam numa abordagem que privilegiava a compreensão das fantasias infantis, angústias e defesas arcaicas, ainda inexploradas até então. A partir das leituras freudianas e da investigação clínica, Melanie Klein assegurou que o brincar contemplava um leque de significados simbólicos, integrados às fantasias imaginárias, e que esse modo do brincar parecia-lhe muito familiar ao método freudiano de interpretação dos sonhos, permitindo o acesso ao inconsciente da criança[80]. A partir dessas descobertas, uma importância crucial é atribuída ao simbolismo, e Melanie identificou, por sua experiência, que, por meio da análise do brincar, a criança projeta seus sentimentos e fantasias em outros objetos, além das pessoas.

Com a análise de Fritz, Melanie deu-se conta que o tratamento não poderia ser empreendido na residência da própria criança por questões transferenciais. Assim, propôs enquanto condição de análise que a "espinha dorsal" de tal procedimento psicanalítico poderá ser sustentada se:

> [...] o paciente for capaz de sentir que o consultório ou a sala de análise de crianças, e na verdade toda a análise é alguma coisa separada de sua vida familiar cotidiana.

---

[78] KLEIN, M. ([1953]1955). A técnica psicanalítica através do brincar: sua história e significado. *In:* KLEIN, M. *Inveja e gratidão e outros trabalhos.* Tradução de L. P. Chaves *et al.* Rio de Janeiro: Imago, 1991.

[79] THOMAS, M.-C. Introdução a Obra de Melanie Klein: A Técnica Psicanalítica do Brincas e suas Descobertas. *In:* NASIO, J. *Introdução às obras de Freud, Ferenczi, Groddeck, Klein, Winnicott, Dolto, Lacan.* Rio de Janeiro: Zahar, 1995.

[80] KLEIN, M. ([1953]1955). A técnica psicanalítica através do brincar: sua história e significado. *In:* KLEIN, M. *Inveja e gratidão e outros trabalhos.* Tradução de L. P. Chaves *et al.* Rio de Janeiro: Imago, 1991.

> Isto porque é apenas sob tais condições que ele pode superar suas resistências contra vivenciar e expressar pensamentos, sentimentos e desejos que são incompatíveis com as convenções sociais e que, no caso de crianças, são sentidos como contrastando com muito do que lhes foi ensinado.[81]

Melanie Klein tomou a técnica do brincar enquanto princípio fundamental da psicanálise de crianças, ou seja, que ela seria correlata da associação livre. Articulou, nesse mesmo artigo, que este meio de expressão das crianças seria o equivalente à expressão dos adultos por meio da palavra[82]. Seguiu, desta forma, os pressupostos freudianos, explorando o inconsciente, utilizando-se da transferência para atingir o objetivo, permitindo a vivência e expressão das emoções da criança interpretando fantasias apresentadas por meio de brinquedos, dramatizações e sentimentos advindos do brincar e desenhar e, inclusive, as inibições quando se apresentavam[83].

Em seu artigo, Melanie Klein foi convocada a responder uma pergunta que com frequência surgia: "As crianças pequenas são intelectualmente capazes de compreender tais interpretações? "[84]. Um questionamento interessante que ainda hoje ecoa nos analistas recém-chegados ao estudo da infância e, sobretudo, entre os pais dos pacientes. Melanie assegurava que, se as interpretações são relevantes com base no material apresentado pela criança, então, sim, elas serão compreendidas. Ela também salientava a importância de utilizar expressões derivadas da própria criança. Suas investigações apontavam que as crianças eram providas de uma capacidade de insight maior que a dos adultos, e que isso se deveria à proximidade das conexões conscientes e inconscientes nas pequenas crianças[85].

Mediante sua escuta sensível, nesse artigo, Melanie Klein já promulgava algo de uma preciosidade clínica tamanha, dizia que: [...] as capacidades intelectuais do bebê são frequentemente subestimadas e que, de fato, ele compreende mais do que se acredita[86].

---

[81] *Ibid.* p. 153.

[82] FENDRIK, S. *Psicoanalistas de Niños*: La Verdadeira Historia. Buenos Aires: Letra Viva, 2004.

[83] KLEIN, M. ([1953]1955). A técnica psicanalítica através do brincar: sua história e significado. *In*: KLEIN, M. *Inveja e gratidão e outros trabalhos*. Tradução de L. P. Chaves *et al.* Rio de Janeiro: Imago, 1991. p. 150-168.

[84] *Ibid.* p. 157-158.

[85] KLEIN, M. 1991, *passim*.

[86] *Ibid.*, p. 160.

Assim como Freud, Melanie Klein trouxe muitas contribuições teóricas e técnicas para a psicanálise e a clínica infantil, explorando o que seria o mundo interno do bebê e trabalhando com sentimentos primitivos com a técnica do brincar, incluindo o desenhar, privilegiando esses instrumentos e os equivalendo à técnica da associação livre. Além disso, seguindo na experiência da escuta, assim como Freud, também pôde identificar fantasias e ansiedades do bebê, ressoantes nos pacientes adultos, comprovando as observações do pai da psicanálise. Com propriedade, Souza[87] irá acrescentar que a função do desenhar e do brincar para Melanie Klein se aproxima do sonhar para Freud, pois sua primeira teorização estava calcada no trabalho dos sonhos e dos conteúdos inconscientes que o habitavam, enquanto para Melanie, [...] o brincar constituiu-se em via régia para o inconsciente da criança[88].

Ao falarmos em Sigmund Freud, sua filha, Anna Freud, pedagoga por formação, que desde a tenra infância esteve imersa na atmosfera psicanalítica e também deixou seu legado para a psicanálise infantil. Iniciou a clínica com crianças apresentando um artigo intitulado: *Fantasias e devaneios diurnos de uma criança espancada* (*Wiener Psychoanalytische Vereinigung*) no círculo psicanalítico em Viena[89]. É importante lembrar que a formação em pedagogia de Anna Freud é o que dará tom ao caráter educativo e pedagógico dos atendimentos clínicos infantis sob sua responsabilidade, pois para ela, seria função do analista exercer o papel de educador. Privilegiou a observação do comportamento da criança e levou em conta, enquanto material de análise, a interpretação de sonhos e desenhos[90].

Melanie Klein e Anna Freud divergiam nas posições técnicas e teóricas acerca da clínica infantil[91]. Para Anna Freud, o desenho na sessão analítica não poderia ser o equivalente à associação livre, embora muitos analistas de crianças corroboravam. Entendia, então, que: "As crianças podem

---

[87] SOUZA, A. S. L. Melanie Klein e o brincar levado a sério: rumo à possibilidade de análise com crianças. *In*: GUELLER, A. S.; SOUZA, A.S.L de. (org.). *Psicanálise com crianças*. Perspectivas teórico-clínicas. São Paulo: Casa do Psicólogo, 2013.

[88] KLEIN, M. ([1953]1955). A técnica psicanalítica através do brincar: sua história e significado. *In*: KLEIN, M. *Inveja e gratidão e outros trabalhos*. Tradução de L. P. Chaves *et al*. Rio de Janeiro: Imago, 1991. p. 127.

[89] BRUEHL, E. Young. *Anna Freud*: uma biografia. Tradução de Henrique de Araújo Mesquita. Rio de Janeiro: Imago, 1992.

[90] AVELLAR, L. Z. *Jogando na análise de crianças*: Intervir-Interpretar na abordagem Winnicottiana. São Paulo: Casa do Psicólogo, 2004.

[91] FENDRIK, S. *Psicoanalistas de Niños*: La Verdadeira Historia. Buenos Aires: Letra Viva, 2004.

contar sonhos e divagações, como os adultos, mas sem livre associação, não existe um caminho idôneo do conteúdo manifesto ao latente"[92], ou seja, haveria certa imaturidade, mas poder-se-ia pensar na livre ação, provocada pelas tendências agressivas[93].

Por volta de 1926/27, Anna Freud fala numa conferência sobre a análise infantil, que seria publicada sob o título: *A Psicanálise da Criança*. Em tal momento, quase não alude ao nome de Hermine Von Hug-Hellmuth, muito embora tenha seguido seus preceitos[94]. Conforme Sandler[95] corrobora, Anna Freud seguiu o trabalho de seu pai, Sigmund Freud, no que concerne à investigação dos mecanismos de defesa do ego, teorizando e aprofundando seu funcionamento. Deu ênfase à transferência positiva para o tratamento infantil e, em sua perspectiva, realça:

> O analista é um objeto novo e compreensivo, diferente dos objetos anteriores. O paciente forma um elo positivo [...] com base nesta diferença, e este elo pode ser encarado como transferência[...], o ego do paciente busca um aliado para superar as dificuldades internas.[96]

Por volta de 1927, outra contemporânea de Freud obteve destaque no meio analítico: a psicanalista de origem judaica-polonesa Sophie Morgenstern[97]. Ela publicou o célebre caso clínico de *Mutisme Psychogène*, conduzido por meio dos desenhos produzidos pelo paciente e das interpretações da analista. Sophie geriu brilhantemente o caso de um menino de 9 anos e meio, cujo sintoma era desvelado por um grave mutismo que perdurou por quase dois anos[98].

Sophie Morgenstern, também considerada pioneira no trabalho psicanalítico com crianças, pôs em evidência, por meio de 31 desenhos elaborados pelo paciente, os mecanismos psicológicos encontrados nas produções. Sustentando, a partir da transferência, os deslocamentos de sentido advindos por sua interpretação, que permitiram o elaborar das fantasias de castração desse paciente. De maneira intensa, solicitava que

---

[92] FREUD, A. *Infância Normal e Patológica*. Rio de Janeiro: Zahar, 1971. p. 32.

[93] *Ibid.*

[94] FENDRIK, S. *op. cit.*

[95] SANDLER, J. (col.). *Técnica da Psicanálise Infantil*. Porto Alegre: Artes Médicas, 1982.

[96] SANDLER, J. (col.). *Técnica da Psicanálise Infantil*. Porto Alegre: Artes Médicas, 1982. p. 52.

[97] COGNET, G. *Compreender e Interpretar Desenhos Infantis*. 2. ed. Petrópolis: Vozes, 2014.

[98] MORGENSTER, S. *Um Cas de Mutisme Psychogène*: Revue Française de psychanalyse. *Première année*, T.I, n. 3, ed. G. Doin et cie, 1927.

o paciente desenhasse: suas angústias, o que o impedia de falar, seus medos e, a partir de então, Morgenstern foi pondo palavras e narrativas nas histórias que, naquele momento, eram só imagens para o paciente, que concordava com um gesto de cabeça se a história narrada estava de acordo com a intenção do que queria dizer[99].

Em seu trabalho, a psicanalista lia atentamente os detalhes contidos nas produções dos pacientes, dando ênfase às dimensões e às proporcionalidades contidas nos objetos de um mesmo desenho, pois sugeria que cada objeto tinha valor afetivo diferente dos demais, e isso era muito singular[100]. Não deixava de observar nas produções que, independentemente do modo de expressão utilizado pelo paciente, seja sonho, desenho, narrativa, ou representação do lúdico, essas produções eram definidas pelo clima afetivo, ou seja, atmosferas alegres, melancólicas, privativas, sofridas, repletas de angústia etc. E compunham a atenção de Morgenstern assim como a expressão dos personagens que figuram o desenho. Para Sophie, quanto maior o conflito e a neurose, mais ricas eram as produções artísticas (*apud* Cognet)[101].

Seguindo o trajeto histórico e conceitual a propósito dos precursores do desenho infantil, temos, ainda em 1927, as contribuições de Georges-Henri Luquet em seu livro *Le dessin enfantin*. O autor em questão partirá da premissa que o conceito mais apropriado na acepção do que seria o desenho infantil é o realismo. Justificará o termo pelas suas constatações de ser esse o primeiro ensaio da criança na tentativa de afirmar-se ante o mundo exterior[102]. Observa e descreve a evolução do desenho, destaca o conceito de realismo categorizando o desenho nas seguintes fases: *realismo fortuito, realismo falhado, realismo intelectual e realismo visual*[103].

Segundo o estudo de Luquet, a criança não reproduz o que desenha por ela mesma, ali está colocada somente a capacidade de representar, significar algo ausente. Dessa maneira, o valor plástico atribuído à imagem se dissipa, mantendo o seu valor significante[104].

A primeira fase do grafismo, Luquet designa como *realismo fortuito* assegurando que o traçado, em primeira instância, não tem como objetivo a formação de uma imagem, a intenção da criança nesse momento, será

---

[99] *Ibid.*

[100] COGNET, G. *op. cit.*

[101] COGNET, G. *Compreender e Interpretar Desenhos Infantis.* 2. ed. Petrópolis: Vozes, 2014.

[102] LUQUET, G.-H. *O desenho Infantil.* Porto: Minho, 1969.

[103] *Ibid.*

[104] *Ibid.*

simplesmente traçar linhas. Que a forma idêntica entre o que se produziu no papel e o objeto, será fruto de mera coincidência, por isso o termo *fortuito*. Luquet, em seu aprofundamento teórico, compreende que a criança, em algum momento, reconhecerá as semelhanças de sua reprodução com o objeto e, a partir daí, considerará o traço enquanto representação, sendo ela quem nomeará seu desenho ou uma pessoa que estiver mais próxima a ela (*apud* Cognet)[105].

O segundo momento do grafismo será concebido por Luquet como realismo falhado, com isso quer dizer que o desenho tenta ser o mais realista possível, no entanto falha, não consegue tal intento. Isso ocorre porque a criança não tem condições gráficas e habilidade motriz suficiente para limitar seu movimento e os conduzir a um determinado aspecto que almejaria dar ao desenho. Esse tipo de desenho destaca-se pelas despro-porções de formas, detalhes e tamanhos[106].

Parece-me fundamental indicar aqui a ressalva feita por Cognet acerca das desproporções que surgem nesse momento do realismo falhado. Com sabedoria clínica ele alerta que as falhas entre proporção e dimen-são não devem ser atribuídas somente a essa fase. Cognet propõe que os desenhos sejam também:

> [...] compreendidos em uma perspectiva psicodinâmica, como a tradução gráfica do fantasma. Assim, a exageração de um detalhe corporal ou o tamanho desmedido de uma personagem não podem ser exclusivamente atribuíveis à inabilidade gráfica, pois também são determinados pela expressão fantasmática[107]

Voltando a Luquet, a terceira fase gráfica será chamada de realismo intelectual, e estará ancorada na repetição de desenhos "bem-sucedidos", cujas representações não estão fixadas somente naquilo que a criança vê, mas no que sabe[108].

Para Luquet, quando a criança supera o que ele chama de inca-pacidade sintética, nada impede que esta produção gráfica seja de fato realista. Aponta que, um desenho para ser semelhante à realidade, na perspectiva da criança, contemplará "[...] todos os elementos reais do objeto, mesmo invisíveis, [...] deve dar a cada um desses pormenores a

---

[105] LUQUET, G.-H. *apud* COGNET, G. *Compreender e Interpretar Desenhos Infantis*. 2. ed. Petrópolis: Vozes, 2014.

[106] LUQUET, G.-H. *op. cit.*

[107] COGNET, G. *Compreender e Interpretar Desenhos Infantis*. 2. ed. Petrópolis: Vozes, 2014. p. 31.

[108] LUQUET, G.-H. *O desenho Infantil*. Porto: Minho, 1969.

sua forma característica, a que exige a exemplaridade"[109]. Portanto, nesse momento do realismo intelectual, a criança põe em evidência a maior quantidade de dados possíveis para caracterizar sua representação. É importante acrescentar que, neste instante gráfico, a criança tem por excelência representar não somente o objeto a ser desenhado, mas os elementos constitutivos desse e as relações entre si, com os elementos elegidos para compor tal conjunto[110].

A quarta e última etapa gráfica identificada por Luquet estará formalizada sob o nome de realismo visual, característico, segundo ele, do desenho adulto. Essa capacidade estará acompanhada pelo desenho em perspectiva, característica advinda da aptidão abstrata espacial, presente para o autor no decorrer do desenvolvimento.

Em 1935, mais um analista foi habilitado pela Sociedade Britânica de Psicanálise e deixou um legado importante para a psicanálise infantil, formalizando contribuições acerca do desenho por meio de sua prática clínica|: Donald Woods Winnicott[111]. Assim como M. Klein, Winnicott também se deixou fisgar pela psicanálise ao ler um livro de Freud. Iniciou sua careira como clínico em pediatria e, aos poucos, exercia uma "pedopsiquiatria"[112].

Durante seu trabalho junto às crianças, formulou conceitos importantíssimos, levando em conta a interação do sujeito com o meio e seu desenvolvimento psíquico. Propôs um olhar para esses aspectos ao entender que essa tendência atualiza os processos de maturação. Ele trabalhou com algumas fases que o bebê atravessaria durante esse processo de desenvolvimento e que, ao final delas, culminaria numa personalização[113].

Se faz necessário esclarecermos ao leitor que, lamentavelmente, não terei como abarcar todas as contribuições winnicottianas neste trabalho. Considero a importância delas para a psicanálise com crianças, mas lançarei luz às contribuições deste psicanalista concernentes ao desenho.

D. Winnicott[114], interessado no desenvolvimento psíquico infantil, desenvolveu uma técnica particular utilizando como instrumento o desenho, com o intuito de promover a relação e o fluir da comunicação com as

---

[109] *Ibid.*, p. 159.

[110] LUQUET, G.-H, *passim.*

[111] ARCANDIOLI, A.-M. Introdução a obra de Winnicott: Vida e Obra. *In:* NASIO, J. *Introdução às obras de Freud, Ferenczi, Groddeck, Klein, Winnicott, Dolto, Lacan.* Rio de Janeiro: Zahar, 1995.

[112] *Ibid.*

[113] *Ibid.*

[114] WINNICOTT, D. W. *Consultas Terapêuticas em Psiquiatria Infantil.* Rio de Janeiro: Imago, 1984.

criancas, oferecendo-lhes um lugar ativo e na descoberta de si mesmas. Ele nomeou tal método como o *squiggle*, ou jogo do rabisco, descrito em seu notável livro *Consultas Terapêuticas em Psiquiatria Infantil*, no qual, além de exibir o processo, compartilha cerca de 21 casos clínicos trabalhados nesses moldes.

Mas, afinal, em que consistia o jogo do rabisco? Com dois lápis e muitas folhas dispostas sobre a mesa, em breves palavras Winnicott enunciava ao paciente: "Fecharei os olhos e farei um risco a esmo no papel; você o transformará em alguma coisa e depois será sua vez: você fará o mesmo e eu transformarei seu traço em alguma coisa"[115]. Não podemos deixar de mencionar a proximidade dessa técnica com a regra fundamental da associação livre, proposta pelo pai da psicanálise. Nesse jogo, seria quase o equivalente a enunciar: risque, desenhe livremente o que lhe vier à cabeça. A partir desse enunciado, era possível verificar a capacidade de simbolização dos pacientes, bem como os traumas e outras questões.

Para a utilização dessa técnica, Winnicott sugere a realização em até três sessões, pois [...] se as entrevistas se tornarem muito frequentes, todos os problemas de transferência e resistência começarão a emergir e o tratamento deverá prosseguir pelas linhas psicanalíticas normais[116]. Winnicott enfatiza a importância do brincar para as crianças, afirmando que "o brincar é por si uma terapia" e que ele "possui tudo em si"[117]. É evidente, que a cargo do psicoterapeuta ficará o trabalho de análise e interpretação do material e conteúdo. Esse brincar engloba também os conteúdos do fantasiar.

Na esteira do tempo, por volta de 1938, a luz incidia sobre a pediatra e psicanalista Françoise Dolto que, após ingressar na Sociedade Psicanalítica de Paris, inaugurou uma abordagem clínica cujo aporte teórico minucioso acerca do desenvolvimento infantil revolucionaria ainda mais a clínica com crianças[118]. Contemporânea de Sigmund Freud e Jacques Lacan, e após conhecer Sophie Morgenstern, se apoiou no recurso do desenho livre e desenvolveu sua própria teoria, vendo no desenho uma forma de revelar as questões mais profundas do inconsciente[119].

---

[115] *Ibid.*, p. 20.

[116] WINNICOTT, D. W. *Consultas Terapêuticas em Psiquiatria Infantil.* Rio de Janeiro: Imago, 1984.

[117] *Id. O Brincar e a Realidade.* Rio de Janeiro: Imago, 1975. p. 74-75.

[118] LEDOUX, M.-H. Introdução a Obra de Françoise Dolto: A Vida de Françoise Dolto. *In:* NASIO, J. *Introdução às obras de Freud, Ferenczi, Groddeck, Klein, Winnicott, Dolto, Lacan.* Rio de Janeiro: Zahar, 1995.

[119] *Ibid.*

Em seu relatório compartilhado no Congresso organizado pela Psyche, sob o título: *Relato da Interpretação Psicanalítica dos Desenhos durante Tratamentos Psicoterápicos*[120]. Dolto entende o desenho como: [...] autorretrato do inconsciente, ele nos permite ver como o sujeito se sente em relação ao objeto que ele quer desenhar, sendo este objeto, de certo modo, uma projeção de si mesmo[121].

Ao longo do seu *Seminário de Psicanálise da Criança*, a psicanalista irá enunciar que a criança necessita representar o que se passa com ela por algum meio que não seja a palavra, e logo dá um exemplo: [...] desenhe seus pais biológicos, [...] de qualquer jeito, os únicos pais importantes são os que temos em nós, e esses não são maus, já que estão em você[122]. A partir da sua escuta clínica, Françoise Dolto será consistente ao afirmar que os analistas necessitam fazer o desenho "falar", isso não significa tentar adivinhar o que o desenho parece dizer. Para ela, [...] é a criança que *se* conta através do desenho. Um desenho é uma fantasia extemporânea em uma análise; é desse modo que convém escutá-lo[123].

Seguirei muitos preceitos já expostos, mas, em especial, os dolto-nianos neste livro, pois me causa interesse o conjunto das histórias nar-radas pelas crianças, espalhadas no papel enquanto grafias de fantasias inconscientes transformadas. Gosto de pensar como Dolto e Nasio, na perspectiva que eles propõem: "Não desenhamos; nos desenhamos e nos vemos eletivamente em uma das partes do desenho"[124].

Françoise Dolto, ao ser questionada em um de seus seminários acerca do que seria passível de leitura no desenho de uma criança, afirma que, por meio desse instrumento, "a criança, espaço-temporaliza sua relação com o mundo. Um desenho é mais que o equivalente de um sonho, é, em si mesmo, um sonho ou, caso prefira, uma fantasia viva"[125].

Para Dolto, tudo o que se apresenta em um desenho não é por acaso, há uma necessidade de isso estar representado por parte da criança em seu desenvolvimento. E acrescenta que não será possível, em uma ou duas sessões, chegar à compreensão completa do desenho que a criança

---

[120] DOLTO, F. [1948]. Rapport sur l'interprétation psychanalytique des dessins au cours des traitements psychothérapiques. *Revue Psyché*, n. 17.

[121] *Ibid.*, p. 324, tradução nossa.

[122] *Id. Seminário de Psicanálise de Crianças*. São Paulo: Marins Fontes. 2013.

[123] DOLTO, F. & J.-N. *A Criança do Espelho*. Rio de Janeiro: Zahar, 2008. p. 12.

[124] *Ibid.*, p. 11.

[125] *Ibid.*, p. 30.

faz em análise. Muitas vezes, o desvelamento do sentido de um primeiro desenho vem somente depois, mas já estava registrado desde o primeiro traço[126]. Parece-me interessante assinalar aqui que, mesmo o conteúdo se revelando tempos depois, já na primeira sessão estava posto, assim como ocorre com os adultos que nos procuram em atendimento e, nas primeiras sessões, já enunciam de alguma forma do que se trata seu sintoma.

Assim, Dolto atribuiu ao desenho o estatuto de [...] meio de contato profundo entre o sujeito e o médico[127]. Para a interpretação, a psicanalista busca reconstruir a mesma cadeia simbólica do sujeito, e dirá que esse ato faz a criança reconhecer do que se trata a questão, favorecendo o surgimento de materiais ainda mais ricos[128]. A autora também leva em conta as dimensões e proporções das representações no desenho, bem como a maneira como a criança utiliza o material. Isso dará mostras de como o sujeito se situa inconscientemente e como se sente diante das exigências de sua vida. Dolto, em seu relatório no congresso, resumidamente dirá que o desenho é a expressão do inconsciente e faz a equivalência do desenho e o sonho, dizendo que:

> [...] o ponto de partida é o estímulo do contato com um interlocutor em torno da ideia dominante inconsciente, despertada por ele, ou os estímulos e as associações de ideias de início aparentemente fortuito se o desenhador não é solicitado por um terceiro, ou ainda o estímulo rigorosamente interior, nos dá um olhar sobre o mundo interior do sujeito".[129]

Em meados de 1948, a psicanalista argentina Arminda-Aberastury, interessada em aprofundar a técnica da psicanálise com crianças, realizava seminários na APA (Associação Psicanalítica da Argentina), onde atuava como analista didata. Seguidora e admiradora de Melanie Klein, mantinha correspondência com ela, compartilhando experiências para o aprimoramento da clínica[130].

Seguindo os princípios de Melanie Klein e outros colegas, Abertastury sustentou que o desenho de uma criança, em uma sessão de análise, necessitava ocorrer de maneira espontânea, adequando palavras ou ges-

---

[126] Id. [1948]. *Rapport sur l'interprétation psychanalytique des dessins au cours des traitements psychothérapiques.* Revue Psyché, n. 17.

[127] *Ibid.,* p. 324, tradução nossa.

[128] *Ibid.*

[129] DOLTO, F. [1948]. Rapport sur l'interprétation psychanalytique des dessins au cours des traitements psychothérapiques. *Revue Psyché,* n. 17, p. 326, tradução nossa.

[130] ABERASTURY, A. *Psicanálise da criança:* Teoria e Técnica. Porto Alegre: Artmed, 1982.

tos com valor de associação livre. Para a autora, ao não se compreender o desenho de uma criança, o analista pode [...] interrogar sobre alguns detalhes do desenho ou sobre o que ele representa[131], mas alerta para que não se utilize esse recurso em demasia, pois pode vir a atrapalhar o andamento da livre expressão[132].

Aberastury concorda que, por meio de jogos, desenhos e brinquedos, as crianças expressam suas fantasias, desejos e experiências de uma maneira simbólica e que, ao realizá-los: [...] utiliza os mesmos meios de experiências arcaico-filogenéticos, a mesma linguagem que nos é familiar em sonhos[133]. O simbolismo que surge no desenhar e no brincar é, para a psicanalista, [...] somente uma parte dessa linguagem[134]. Na análise, o analista necessita observar que o significado de um instrumento utilizado pela criança, seja o desenho, o jogo ou o brinquedo, poderá ser diferente conforme a situação. Por isso, insistirá que a interpretação só poderá ganhar espaço na medida em que for levada em conta a situação na qual se produz como um todo[135].

Por volta de 1965, Daniel Widlöcher, psiquiatra, doutor em psicologia e psicanalista, também prestou contribuições ao mundo analítico a propósito do desenho infantil. Para ele, o desenho possui um estilo cujas facilidades são reconhecíveis e raramente são confundidas com "expressões plásticas"[136]. Distinguirá quatro planos que serão reveladores dos sentimentos em termos de temperamento e caráter infantil, por meio do desenho: o gesto gráfico, o valor projetivo do desenho, o valor narrativo e, por fim, o valor expressivo que o desenho contempla[137].

O gesto gráfico para o autor será a forma com que [...] a criança trata a superfície branca e a escolha da forma e das cores que exprimem certos elementos de seu estado emocional[138]. Tudo isso estará aparente no instante do desenho, esse momento já refletirá algo do temperamento da criança. O valor expressivo do desenho será correlativo desse gesto, e a utilização do espaço na folha de papel também será um indicativo

---

[131] *Ibid.*, p. 35.

[132] *Ibid., et seq.*

[133] *Ibid.*, p. 51-52.

[134] *Ibid., et seq.*

[135] *Ibid., passim.*

[136] WIDLÖCHER, D. *Interpretação dos Desenhos Infantis.* Petrópolis: Vozes, 1971. p. 21.

[137] *Ibid.*

[138] *Ibid.*, p. 105.

expressivo. Portanto, para Widlöcher, o local escolhido pela criança para realizar seu desenho, bem como a maneira como irá dividir o espaço, terá relevância[139].

Outro elemento que também terá valor expressivo será a utilização das cores. Widlöcher elencará questões acerca das cores, tonalidades, combinações de tons enquanto aspectos importantes a serem considerados. Todos esses elementos devem ser lidos no contexto de cada criança. O autor atribuirá a importância das cores pela correspondência que essas têm com alguns elementos naturais e acrescenta que seu simbolismo tem bases consistentes e universais, com algumas variações, podendo ser encontrado de forma idêntica em lugares e épocas distintas[140].

Quanto ao valor projetivo, seu estilo de figuração se refere à visão infantil que a criança tem para com os seus e com o mundo, ou seja, "em cada minúcia, o desenho traz a marca da vida emocional da criança, se passamos a considerar o desenho no seu conjunto, podemos afirmar que ele reflete uma visão global da personalidade"[141].

Widlöcher irá propor que a interpretação do desenho deve se parecer à do sonho, pois, para ele, há uma transposição da realidade sensível em imagens verbais. O autor assegura que, para esse acesso de significação, a criança necessita associar seus pensamentos, bem como, repetir suas produções[142].

O último elemento é o valor narrativo. O autor assegura que, a criança ao confidenciar os elementos de sua imaginação, manifestará [...] seus centros de interesses, gostos e preocupações[143]. Privilegiará aqui o interesse das crianças por certos temas, a insistência nas escolhas e suas repetições na representação gráfica. Acrescentará também que: "a história assim narrada é reveladora de uma atividade imaginária e devemos perguntar-nos quais são as motivações que levam a criança a representar um tema de preferência a outro"[144]. Genuinamente, a criança, por meio do desenhar, figura a realidade pela imagem[145].

Proponho, nesse momento, um salto na linha do tempo para 1983, com as contribuições da psicanalista argentina Marisa Rodulfo. Ela irá aventar que o desenho ou um fragmento de sessão não desempenham uma

---

[139] *Ibid., et cid.*

[140] *Ibid.*

[141] *Ibid.*, p. 115.

[142] WIDLÖCHER, D. *Interpretação dos Desenhos Infantis.* Petrópolis: Vozes, 1971.

[143] *Ibid.*, p. 106.

[144] *Ibid.*, p. 128.

[145] *Ibid., et cid.*

função meramente ilustrativa. O que uma criança traz enquanto ilustração gráfica confirma algo do discurso dos pais e do próprio paciente. O desenho será, em vista disso, um complemento ilustrativo da linguagem verbal[146].

Para Marisa Rodulfo, o desenho infantil necessita ser repensado e, segundo a autora requer:

> [...] coloca-los em debate com a pintura, com a escultura, com a arte em geral, com as novas correntes estéticas, a fim de restaurar a hierarquia da escrita. [...] é fértil pensar de acordo com o conceito de *suplemento original*. Conceito que reivindicamos para o desenho, isto é que compartilha o estatuto que já foi validado para outras produções.[147]

A analista propõe que a marca advinda do desenho pode possibilitar a emergência do recalcado no paciente, minimizando o sofrimento que, por vezes, é suscitado por meio dos sonhos do mesmo. Alerta, portanto, para a dificuldade de muitos psicanalistas em permanecer no plano do desenho enquanto produção efetiva, ou seja, por não lerem o desenho naquilo que também é possível repetir do traço. Sugere que os psicanalistas de crianças não tenham a pressa de sair do trabalho com o desenho, deixando assim escapar o contexto ao eleger um ou outro desenho somente, na busca pelos elementos de sua técnica interpretativa[148].

Marisa Rodulfo fará um apontamento importante no que tange ao desenho, pois para ela é necessário ter cuidado para que o desenho livre advenha sem interferências e solicitações do analista. Aponta que tais requerimentos, como por exemplo, o pedido 'Desenhe você', retira a capacidade espontânea da criança, rompendo com a regra fundamental da associação livre proposta pela psicanálise[149].

A autora citada acima compreenderá que o desenho irá se diferenciar da palavra, pois a elaboração secundária[150] não tende a correr à frente para manter as aparências. O efeito surpresa tanto em que o paciente, quanto

---

[146] RODULFO, M. *El Niño del Dibujo*: Estudio Psicoanalítico del Grafismo y sus Funciones en la Construcción Temprana Del Cuerpo. Buenos Aires: Paídos, 2006.

[147] *Ibid.*, p. 51 (tradução nossa).

[148] RODULFO, M. *El Niño del Dibujo*: Estudio Psicoanalítico del Grafismo y sus Funciones en la Construcción Temprana Del Cuerpo. Buenos Aires: Paídos, 2006.

[149] *Ibid.*

[150] A elaboração secundária é um efeito da censura e sua função está em transformar os elementos e a aparência de incoerência que reside nas produções oníricas, portanto essa elaboração tende a: "remanejar parcial ou totalmente" os elementos, os substituindo, acrescentando, criando algo como devaneio diurno (Laplanche e Pontalis, 1998, p. 145). Em Totem e Tabu aproximará esta elaboração a formação de alguns sistemas do pensamento, sendo aproximada da racionalização (Freud, [1912] 1996, 2013).

o analista são capturados não é, sem dúvida, o da compreensão. Marisa Rodulfo astutamente propõe tomar o "figural", ou seja, a produção gráfica e a representação, enquanto cadeia associativa trazida pela criança[151].

Levarei em conta tal postulado no livro que ora exponho, pois entendo junto com a autora que as produções gráficas seguem um encadeamento no próprio traço e na repetição, que apontam para o desvelamento de questões psíquicas mais profundas.

Ainda nos anos 80, surgem os aportes da psicanalista Annie Anzieu, que nessa época ingressou como membro da Associação Psicanalítica Francesa e desenvolveu um trabalho importante para a psicanálise infantil e adolescente. A psicanalista seguiu alguns pressupostos de Klein, Dolto e outros analistas contemporâneos que contribuíram para o desenvolvimento do desenho infantil como material clínico. Anzieu considerava o desenho infantil o equivalente à associação livre dos adultos e o definia como estando em um nível intermediário entre o brincar e a verbalização. Deixava à disposição da criança, para sua livre escolha, materiais como lápis, papel, tintas, cola, tesoura, brinquedos e materiais de modelagem[152].

Annie Anzieu, em seu livro: *O trabalho de desenhar em psicoterapia da criança*[153], nos fornecerá algumas proposições que nos parece interessante compartilhar. Ela formulará que o desenho oferecerá abertura a um espaço psíquico extremamente fecundo, que irá em busca de uma representação que, gradativamente, se deslocará da imagem para a palavra.

Para a autora, o desenho portará dois lugares: o de elaboração e o de aprimoramento dos processos simbólicos. Além disso, Anzieu considera o desenho um instrumento valioso no manejo da transferência, cuja interpretação deverá levar em conta o ambiente no qual foi produzido o desenho[154].

A sensibilidade clínica leva Annie Anzieu a considerar a folha de papel em branco como equivalente ao "eu-pele", referenciando o invólucro materno em suas origens, ou seja, o envelopamento que se oferece como superfície no ato da grafia. Além disso, ela inclui o uso da cor pelos pacientes nas produções gráficas como tonalidade e nuance afetiva, e adverte que, independentemente do estilo ou tipo de traçado que se delineia no desenho, o analista deve observar os vestígios do fantasma, os conflitos

---

[151] Rodulfo, M. *op cit.*

[152] COGNET, G. *Compreender e Interpretar Desenhos Infantis*. 2. ed. Petrópolis: Vozes, 2014.

[153] ANZIEU, A.; BARBEY, L.; BERNARD-NEY, J.; DAYMAS, S. *Le Travail du dessin em Psychothérapie de l'enfant*. Paris: Dunod, 1996. Tradução nossa.

[154] *Ibid.*

psíquicos e os objetos internalizados pelo paciente. Em 1988, a psicanalista francesa Geneviève Hagg trouxe contribuições sobre o desenho infantil. Apresentou, em uma conferência de Psicanálise de Toulouse, o artigo intitulado *O desenho pré-figurativo da criança: Que nível de representação*[155]. Um trabalho eminentemente clínico em que Geneviève Hagg dirá que as primeiras produções de uma criança de 2 a 3 anos serão produções mais rítmicas do que formais, ou seja, pertencem mais à ordem da repetição. Para ela, o suporte do traço irá configurar o lugar da projeção e da introjeção, e será lida como a folha da pele psíquica devendo, primeiramente, ser constituída para que o traço possa advir[156].

Hagg também promulgará, neste trabalho, que é possível reconhecer, na evolução formal do traço, as transformações do pulsional da criança no emocional primitivo. Portanto, por meio do desenho, a criança expressa as pulsões que até então agiram nela, o instrumento, assim, tornar-se-á representante do objeto da pulsão. O instrumento representará a folha interior da pele subjetiva[157].

Os aportes sobre o uso do desenho infantil na clínica psicanalítica foram ficando cada vez mais consistentes. Em torno dos anos 90, a psicanalista argentina Alba Flesler abrilhantou ainda mais o meio analítico com suas contribuições clínicas deste tema. Flesler irá nos dizer que o desenho é, para uma criança, um "índice de um tempo estrutural revelador dos tempos do sujeito"[158]. A autora irá se interessar pela função do desenho na sessão de análise e afirma que o desenho é a "escritura da imagem"[159], trazendo consigo um velamento no traçado, ou seja, a representatividade, que, por ser representável, dá mostras de seu caráter imaginário. Ele é, portanto, o resultado do enlaçamento que se dá entre o real do objeto e o simbólico da palavra[160].

Cabe-me esmiuçar melhor o que a autora entende por velamento no traçado. A psicanalista irá afirmar algo relevante para esta pesquisa. Que o velamento é inerente ao desenho e estará atualizado em toda a percepção; guardando um resto não identificado que escapa ao olhar[161].

---

[155] Hagg, G. *apud* ANZIEU, A. BARBEY, L.; BERNARD-NEY, J.; DAYMAS, S. *Le Travail du dessin em Psychothérapie de l'enfant*. Paris: Dunod, 1996. p. 27, tradução nossa.

[156] ANZIEU, A. BARBEY, L.; BERNARD-NEY, J.; DAYMAS, S., 1996.

[157] ANZIEU, A. BARBEY, L.; BERNARD-NEY, J.; DAYMAS, S. *Le Travail du dessin em Psychothérapie de l'enfant*. Paris: Dunod, 1996.

[158] FLESLER, A. *A Psicanálise de Crianças e o lugar dos pais*. Rio de Janeiro: Zahar, 2012, p. 123.

[159] *Ibid.*, p. 124.

[160] *Ibid., et seq.*

[161] *Ibid.*

De acordo com as investigações de Alba Flesler, o desenho oferecerá uma dupla eficácia, ou seja, sua representação gráfica implicará em [...] uma passagem do objeto do real para o simbólico, mas, ao apresentá-lo obtém também um enlaçamento imaginário[162]. Além disso, promulgará que, em cada desenho, o que estará em jogo será um ato inaugural, um traçado que testemunha a existência[163]. Abordarei os tempos do desenho com maior propriedade no próximo capítulo.

Para finalizar, gostaríamos de compartilhar o legado de Jacqueline Royer, que entendia o desenho como uma linguagem universal. Embora reconhecesse as especificidades culturais, utilizava em seus trabalhos a denominação "língua do desenho", atribuindo alguns aspectos universais às suas produções gráficas[164].

Para Royer, o desenho infantil é levado ao estatuto de diário íntimo, no qual a criança se corresponderia consigo mesma. Irá propor três modalidades para interpretar o desenho, fazendo uma analogia com a literatura. A primeira nomeará como leitura rápida ou intuitiva. Ficará a cargo do psicanalista ou médico a perspicácia clínica, ou seja, sua experiência e vivência inconsciente para tanto. A leitura normativa, conhecida como a segunda modalidade de leitura, se deterá na padronização no que diz respeito à qualidade da realização e à comparação das grafias por idades. Por último, a modalidade de leitura analítica, levará em conta a singularidade, a originalidade da produção, a forma, o léxico, o movimento e as cores utilizadas[165]

O desenho, entendido enquanto um instrumento que favorecerá a projeção, deve ser lido não enquanto parte, mas como totalidade, a qual remonta à expressão do desejo do paciente diante da [...] série completa não somente de suas transformações, mas também de suas elisões[166], ou seja, diante do que está dado a ver e do que está oculto.

Posso vislumbrar, por meio dos teóricos trazidos até então, que, a partir do brincar e do desenhar, há algo a mais que se coloca nesse ato para a criança na sessão analítica. Para minha pesquisa, também levarei em conta, concordando com muitos autores, a proximidade do desenho

---

[162] *Ibid.*, p. 125.

[163] *Ibid., et seq.*

[164] ROYER, J. 1995 *apud* COGNET, G. *Compreender e Interpretar Desenhos Infantis.* 2. ed. Petrópolis: Vozes, 2014.

[165] ROYER, J. *Que nous disent les dessins d'enfants?* Paris: Martin Média, 1995.

[166] MÈREDIEU, F. *O desenho Infantil.* São Paulo: Cultrix, 2006.

tanto com o sonho como com a associação livre, proposta pela psicanálise. Estou diante de pistas do inaudito, da projeção, das fantasias, dos rastros fantasmáticos e dos mecanismos de defesa que circundam nesse ato. Sugiro adentrar nessas especificidades a partir do capítulo que está por se anunciar.

1.3 Desenhar, Narrar e Elaborar: A Constituição Subjetiva nos Tempos do Desenho

> *Óh, escritor, com que letras*
> *tu escreverás com tal perfeição a*
> *inteira configuração que o desenho aqui faz?*
> *(Leonardo Da Vinci)*

Abro este capítulo retomando o poema acima de Da Vinci sobre a questão do escritor, pois, com tal indagação, ele sugere que a escrita não é suficiente para representar a figuração, mas o desenho, sim! Essa capacidade de representação nos impõe, enquanto analistas, quando estamos diante da produção gráfica de um paciente, também uma indagação: como lê-la? O que se constitui a partir dessa leitura? O desenho, conforme tenho construído teoricamente junto aos autores ora mencionados, parece-me ser mais elucidativo do que um simples apontamento do que é dado a ver; como, por exemplo, uma casa, uma nuvem ou alguém!

Quanto ao ponto sobre o qual escolho me debruçar, parece-me difícil decantá-lo sem, em certa medida, esboçá-lo. Se aprendemos com a arte e com a literatura, no que tange à antecipação de questões, como não referenciar o clássico livro infanto-juvenil *Le Petit Prince*, de Antoine de Saint-Exupéry[167], uma ficção francesa que conta a história de um aviador que, quando menino, ficava às voltas com seus desenhos. Gostaria de recortar dois pequenos trechos que me revelam apontamentos cruciais para o desenho na clínica com crianças.

Certa vez, ainda criança, impactado ao extrair de um livro que as jiboias engoliam suas presas sem mastigá-las, e, que após o feito, ficavam seis meses sem se mover e dormiam, o menino, aos 6 anos, fez seu primeiro desenho:

---

[167] SAINT-EXUPÉRY, A. *O pequeno Príncipe*. Rio de Janeiro: Agir, 2015.

Figura 12 – Desenho da jiboia dormindo após engolir uma presa.

Fonte: O Pequeno Príncipe[168]

Ao mostrar aos adultos, pergunta se o desenho lhes causava medo. Os adultos respondem de pronto: – *Por que um chapéu daria medo?*. Como seu desenho não representava um chapéu, e sim uma jiboia digerindo um elefante, ele resolveu desenhar o interior da cobra. Lembremos essa segunda ilustração:

Figura 13 – Desenho de um elefante dentro da cobra.

Fonte: O Pequeno Príncipe[169]

Com este pequeno fragmento literário datado de 1900, posso colocar-me a pensar, neste primeiro trecho, sobre algo singular que persiste na clínica psicanalítica com crianças. Ao tomar o desenho de um paciente como operador clínico, ponho em relevo quem produz a imagem, muito mais do que a pergunta: "O que é isso?". De pronto, impõe-se a questão do significado disso para quem o produziu, pois o desenho, enquanto

---

[168] *Ibid.*, p. 7.
[169] SAINT-EXUPÉRY, A. *O Pequeno Príncipe*. Rio de Janeiro: Agir, 2015. p. 7.

instrumento de trabalho, só tem sentido se quem o faz dá sentido a ele. Ademais, que sentido faz para esse sujeito este ato criativo? Qual a relação deste desenho com o texto inconsciente de quem o fez? O que ali se revela enquanto projeção de fantasias, do fantasma, de mecanismos psíquicos à escuta do psicanalista?

Como nos lembra Denis Vasse[170], se "olharmos-escutando" atentamente uma criança em sessão de análise que se propõe a desenhar, de imediato percebo que ela não desenha qualquer coisa e nem de qualquer jeito. Até nas formas que se repetem posso ter certo código de relações, e aí está o inconsciente, representado na insistência de um ou mais elementos, no traço contínuo e descontínuo, no que está à mostra e no que está encoberto.

Isso me remete ao segundo trecho que ainda gostaria de destacar da literatura de Antoine de Saint-Exupéry. No deserto, o aviador, ao amanhecer, é despertado por uma voz estranha: – *Por favor... desenha-me um carneiro!*[171] O aviador disse-lhe que não sabia desenhar, mas o principezinho seguia o diálogo: – *Não tem importância. Desenha-me um carneiro...*[172].

Gostaria de destacar nisso o que a literatura já nos antecipava acerca do desenho. Somente nos anos posteriores, Françoise Dolto e Nasio conseguiram situar que o desenho é um autorretrato do inconsciente e que, quando uma criança desenha, ela se desenha.[173] Por isso, o pedido do pequeno príncipe, – *desenha-me, me desenha.*

Dolto nos fornece conceitos advindos da experiência clínica, os quais devem seguir em desenvolvimento sob a forma de outras indagações. Para tanto, cabe a nós seguirmos o desdobramento: o que mais deve comportar o desenho, além de um auto retrato?

Uma pequena vinheta clínica se impõe neste momento de investigação: trata-se de uma jovem senhora de 45 anos, melancólica, acumuladora de animais, que, na infância, sofrera maus-tratos pelos pais. Por algum tempo, ela permanece em uma dialética entre viver ou não. Queixa-se de não conseguir sair do lugar e de que não fez nada durante a vida toda. Certo dia, ela diz: – *na minha infância eu fazia sempre o mesmo desenho. Vou trazê-lo para ti.* Eis o desenho:

---

[170] VASSE, D. *O umbigo e a Voz*: Psicanálise de Duas Crianças. São Paulo: Loyola, 1977.

[171] SAINT-EXUPÉRY, 2015, p. 10.

[172] *Ibid.*

[173] DOLTO, F. e J-N. *A Criança do Espelho*. Rio de Janeiro: Zahar, 2008.

Figura 14 – Garota de patins.

Fonte: Desenho da paciente aos 9 anos

Ao perguntar-lhe o que invocava o desenho, disse-nos: – *Sinto tristeza...* (silêncio), – *precisava de um tridente para me defender* (silêncio), – *olhando agora, pareço até uma estátua?*. Sim, estava ali, no desenho, um signo, um elemento que já dava notícias de seu psiquismo, vetor de sua questão. No Brasil, é habitual dizer que, quando alguém não avança na vida, esse sujeito está patinando no mesmo lugar. Ou seja, na paciente, é como se as rodinhas, que deveriam levá-la adiante, girassem sem sair do lugar. Essas questões já estavam presentes na infância, por isso a patinação como uma paralisia que engessava a paciente. O que me faz pensar sobre a dimensão e a profundidade que o tema do desenho convoca na escuta clínica.

Tomando o exemplo mencionado, haveria no desenho, de forma intrínseca a si mesmo, um caráter antecipatório, como se pudesse considerá-lo uma fonte potencial de questões psíquicas? O desenho portaria o caráter de asserção de certeza antecipada em seu ato? Tomo de empréstimo este termo utilizado por Lacan, para pensar a proposição que pretendo desenvolver.

Esta vinheta me faz lembrar o que Dolto já pronunciou sobre reencontrarmos o mesmo anúncio sintomático na primeira ou segunda sessão de uma criança que desenha em consulta. No entanto, somente após algum tempo de trabalho, isso se revelará como já estando presente desde o início das sessões do sujeito. Esse recordar da paciente nos remete a um dos pequenos textos escritos por Freud em 1914, que fazem parte das *Novas Recomendações Sobre a Técnica Psicanalítica: Recordar, Repetir e Elaborar*. Nesse escrito, Freud faz uma sinopse daquilo que transcorre em um processo de análise.

A partir do método da associação livre, o paciente irá rememorar a origem dos sintomas, acontecimentos da infância e desejos esquecidos para, ao revisitá-los, reinventar um outro amanhã. Ou seja, enquanto o paciente não se propõe a recordar, ele fica preso no presente, com a sensação que ilustramos acima, de "patinar", como a paciente citada, com o sentimento de que a vida não segue seu curso. Freud diz que isso é devido ou à suspensão desse trabalho de recordação, ou à dificuldade em fazê-lo[174].

Sigo o fluxo dessas ideias expostas no texto de Freud, para relacioná-las com o texto de Lacan, *Tempo Lógico e a Asserção de Certeza Antecipada: Um novo sofisma*[175]. Proponho, assim, articular os dois textos.

Lacan formula nesse texto, dentre muitas proposições, três momentos temporais do sujeito. O instante de ver, ou seja, o sujeito que responde imediatamente à sua questão, ele vê, conclui e, nessa resposta, repete. O momento de compreender é o tempo da elaboração, quando se entende uma questão anos depois. Esse também é o tempo da intersubjetividade na filosofia. E, por fim, o momento de concluir, no qual a força da repetição se une à força da lembrança, projetando no momento de concluir, uma certa elaboração levando o sujeito a um passo inédito, que comporta o novo, um passo a mais.

A partir dessas formulações, posso lançar a pergunta: será o desenho um instrumento que faz rememorar traumas, sofrimentos e fantasias psíquicas a ponto de aplacar a angústia? Estará presente no ato do desenhar

---

[174] FREUD, S. [1914]. *In: Obras Completas*: Repetir, Recordar e Elaborar - Novas recomendações sobre a Técnica da Psicanálise. Rio de Janeiro: Imago, 1996. v. XII.

[175] LACAN, J. [1945]. *Escritos*: O tempo lógico e a asserção de certeza antecipada. Um novo sofisma. Rio de Janeiro: Zahar, 1998.

a capacidade de repetir? E as histórias narradas pelo sujeito, estariam na esteira do elaborar? Em que tempos se constroem os desenhos e os processos psíquicos que subjazem esses instantes?

Com Alba Flesler aprendemos que o desenho infantil é revelador dos tempos estruturais do sujeito e do espaço, a saber, do Real, do Simbólico e do Imaginário[176], três registros trabalhados por Lacan que configuram a estrutura subjetiva. Se faz necessário, então, apontar brevemente para alguns conceitos-chave presentes na constituição subjetiva de um sujeito para, a partir daí, adentrar nos registros propostos por Lacan ao reler Freud.

Para pensar rapidamente os passos da constituição subjetiva de uma criança e daquilo que se configura na estrutura da neurose, retomo Freud no *Projeto para uma Psicologia Científica*, especialmente no item *A Experiência de Satisfação*. Ele torna clara a proposição de que o bebê, ao nascer, carece de auxílio, surgindo um grito (estímulo endógeno, gerado por alguma necessidade como fome, sede etc.) para requerer a execução de uma ação externa. Essa ação necessita ser interpretada por um outro para garantir sua sobrevivência. Freud nomeia esse momento de necessidade alheia como desamparo primordial, presente nos seres humanos, sendo [...] *fonte primordial de todos os motivos morais*[177]. Esse desamparo primordial advirá sobre o psiquismo com valor de trauma, segundo o autor nesse texto.

Portanto, temos um bebê cuja experiência de satisfação ofertada por um adulto deixa marcas em seu psiquismo, o que viabiliza um estado de desejo do lado do bebê, pois, a partir de uma ação reflexa (choro, por exemplo) e uma resposta imediata do adulto, o bebê alucina o objeto desejado (o seio materno, por exemplo) e o traz para si por meio de substituições, como o sugar do dedo, agora transformado em objeto de satisfação. Assim, a borda que produz o sugar torna-se zona erógena. A esse primeiro momento da vida do bebê, Freud chamou de autoerotismo, conceito que diz respeito a essa organização sexual pré-genital, em que a pulsão se satisfaz no próprio corpo, sendo o ato de chupar o dedo a *busca de um prazer já vivenciado e agora relembrado*[178].

---

[176] FLESLER, A. *A Psicanálise de Crianças e o lugar dos pais*. Rio de Janeiro: Zahar, 2012.

[177] FREUD, S. ([1895]1950). *In: Obras Completas*: Projeto para uma psicologia científica. Item 11: *A Experiência de Satisfação*. Rio de Janeiro: Imago, 2006b. v. I. p. 370.

[178] *Id*. [1905]. *In: Obras Completas*: Três Ensaios sobre a Sexualidade, Item: *Sexualidade Infantil*. Rio de Janeiro: Imago, 1996. v. VII. p. 171.

No trabalho *Três Ensaios Sobre a Teoria da Sexualidade*, Freud propõe a fase oral como a que inaugura a organização sexual pré-genital de uma criança. O autor denomina como *canibalesca* para referir que ainda nessa fase *o alvo sexual consiste na incorporação do objeto*[179]. O autor chama a fase que sucede a oralidade de fase anal, na qual o prazer está na mucosa intestinal. Como diz Freud[180]: *os distúrbios intestinais tão frequentes na infância providenciam para que não faltem a essa zona excitações intensas.*

Freud, ainda no texto do *Projeto para uma Psicologia Científica*, afirma que os estímulos endógenos antecedem às pulsões. Ou seja, para que um Eu se constitua, será necessário que uma necessidade biológica advenha e, ao ser nomeada pela pessoa que auxilia a criança, dará início à entrada no circuito pulsional[181]. Em *Esboço de Psicanálise*, no item: *A teoria dos Instintos*, Freud dirá que o termo pulsão deve ser entendido como [...] *tensões causadas pela necessidade do id* [...], se traduzem por exigências somáticas feitas à ,mente"[182], que permitirá a vivência, por parte do bebê, da experiência de satisfação por meio do ato interpretativo do adulto[183].

Para que o modo de funcionamento subjetivo do humano exerça sua função, ele necessita da palavra, e esta, como disse Alfredo Jerusalinsky, precisa ter um funcionamento significante, [...] *não meramente como um signo fonado ou escrito, que refere um pequeno conjunto de significações, mas como um traço sob o qual se alojam infinitos significados*[184].

Para entender melhor o que está em jogo neste momento, compartilho a elaboração da psicanalista Julieta Jerusalinsky, que tem um longo percurso no estudo com bebês. Ela afirma que, a partir da interpretação do adulto, o bebê: [...] *engaja-se subjetivamente, coloca seu saber inconsciente, estas inscrições que decantam do simbólico, a serviço de um funcionamento subjetivado do corpo do bebê*[185].

No texto sobre *A Teoria dos Instintos*, Freud reafirma questões já trabalhadas anteriormente, como em *Três Ensaios sobre a Sexualidade*, de 1905, em que uma das proposições é que a vida sexual não se inicia

---

[179] FREUD, S. [1905]. *In: Obras Completas*: Três Ensaios sobre a Sexualidade, Item: *Sexualidade Infantil*. Rio de Janeiro: Imago, 1996. v. VII. p. 187.

[180] *Ibid.*, p. 175.

[181] *Id.* [1895]1950). *In: Obras Completas*: Projeto para uma psicologia científica., Item 11: *A Experiência de Satisfação*. Rio de Janeiro: Imago, 2006b. v. I.

[182] *Id.* ([1938]1940). *In: Obras Completas*: Esboço de Psicanálise Item: *A Teoria dos Instintos* v. XXIII, Rio de Janeiro: Imago, 1996a. p. 161.

[183] *Ibid.*

[184] JERUSALINSKY, A. *Seminários II*. São Paulo: USP, 2002. p. 9.

[185] JERUSALINSKY, J. *A criação da criança*. Salvador: Agalma, 2011. p. 88.

na puberdade, como muitos presumiam, ela está presente na infância, logo após o nascimento[186]. O psicanalista nomeia como libido a energia da pulsão sexual, que se moverá em busca de satisfação proveniente de partes do corpo às quais chama de zonas erógenas[187]. A libido se origina, como vimos, no corpo erogenizado pelo outro, que deixou de ser somente organismo, pois foi investido pelas funções parentais que puseram em funcionamento o circuito pulsional.

Em *Instintos e suas Vicissitudes*, de 1915, Freud afirma que o ego é autoerótico. Em função das experiências de autopreservação, ele adquire objetos daquele mundo, que constituem fonte de prazer, tomando-os para si, ou seja, introjetando-os, ao passo que expele o que de alguma maneira lhe causa desprazer[188]. Percebemos, assim, mediante a construção subjetiva, que mecanismos como a introjeção, a rejeição/negação e a projeção já estão em funcionamento desde o princípio.

O momento posterior ao autoerotismo, fruto da organização pulsional, é o que Freud chama de narcisismo. Nessa fase, as pulsões parciais sofrem nova alteração: antes estavam ligadas às zonas erógenas do bebê, agora passam a ser integradas a uma unidade psíquica e à representação corporal. Em seu texto *Sobre o Narcisismo*, Freud põe em relevo a importância dos pais na constituição do narcisismo primário da criança, já que, naquilo que nasce no bebê e renasce dos pais, surge uma imagem:

> [...] o amor dos pais, comovente e no fundo tão infantil, não é outra coisa senão o narcisismo dos pais renascido, que na sua transformação em amor objetal revela inconfundivelmente a sua natureza de outrora [...]. A criança nesta posição deverá concretizar os sonhos que os pais não realizaram. [...] tornar-se um grande homem ou herói no lugar do pai, desposar um príncipe como tardia compensação para a mãe.[189]

O narcisismo primário será o resultado de todo o investimento que os pais irão fazer no bebê, momento do Eu ideal. Prosseguindo em seu estudo, tece o narcisismo secundário como o investimento nos objetos e o retorno da libido ao próprio eu. Acrescenta que o Ideal do eu é, ao mesmo

---

[186] FREUD, S. ([1938]1940). *In: Obras Completas*: Esboço de Psicanálise Item: *A Teoria dos Instintos*. Rio de Janeiro: Imago, 1996a. v. XXIII.

[187] *Ibid.*

[188] *Id.* [1915]. *In: Obras Completas*: Os instintos e suas Vicissitudes. Rio de Janeiro: Imago, 1996a. v. XIV.

[189] *Id.* [1914]. *In: Obras Completas*: Introdução ao Narcisismo. São Paulo: Companhia das Letras, 2010. v. 12. p. 37.

tempo, substituto do narcisismo perdido da infância e o resultado da identificação com as figuras parentais, bem como com seus intermediários sociais. *A esse ideal do eu dirige-se então o amor a si mesmo, que o eu real desfrutou na infância. O narcisismo aparece deslocado para esse novo Eu ideal, que como o infantil se acha de posse de toda a preciosa perfeição*[190].

Neste momento, cabe trazer à luz as contribuições de Jacques Lacan sobre o conceito de narcisismo, esse momento pré-especular em que a imagem assume um papel preponderante na constituição subjetiva. O olho, pelo viés da imagem, desde o princípio nos coordena no espaço, percebendo, registrando e organizando, numa espécie de antecipação daquilo que ainda não está, pois o organismo ainda não tem maturidade física nesse sentido. Partimos da insuficiência à antecipação por meio do Outro, como mostra Lacan. E é essa organização do olhar[191], que precede o gesto e a palavra, registrando o momento inaugural da nossa constituição, ao qual Lacan chamou de *Estádio do Espelho*.

Com Lacan, por meio dessa formulação, obtivemos os elementos conceituais relativos ao momento inaugural da constituição do Eu. Esse é o momento de formação do Eu ideal. Para tal formulação, o autor parte de um fato da psicologia comparada: o bebê humano nasce prematuro, com insuficiências motoras e instrumentais, sendo temporariamente superado nesse último aspecto pelo chimpanzé. No entanto, consegue reconhecer sua imagem no espelho. O estádio do espelho revela e supera esse momento de colapso biológico do bebê. Ou seja, sua imagem não condiz com a do corpo fragmentado que é o período vivenciado, acaba assim, por experimentar a discordância da sua própria realidade. Lacan prossegue:

> Esse acontecimento pode produzir-se como sabemos desde Baldwin, a partir da idade de seis meses, e sua repetição muitas vezes deteve nossa meditação ante o espetáculo cativante de um bebê que, diante do espelho, ainda sem ter o controle da marcha, ou sequer da postura ereta, mas totalmente estreitado por algum suporte humano ou artificial (o que chamamos, na França, um trotte-bébé [um andador]), supera, numa azáfama jubilatória, os entraves

---

[190] FREUD, S. [1914]. *In: Obras Completas*: Introdução ao Narcisismo. São Paulo: Companhia das Letras, 2010. v. 12. p. 40.

[191] LACAN, J. [1964]. Seminário livro 11. *Os quatro conceitos fundamentais da psicanálise – A Esquize do Olho e do olhar*. Rio de Janeiro: Zahar, 2008a. p.71-81.

desse apoio, para sustentar sua postura numa posição mais ou menos inclinada e resgatar para fixá-lo, um aspecto instantâneo da imagem.[192]

O estádio do espelho tem por função constituir uma relação do organismo com sua realidade, e isso se dá por meio da alienação. Ou seja, a alienação vem representar para o sujeito a identificação com o outro, tornando viável a unificação do seu corpo pela tomada do corpo do outro[193]. Para Lacan, essa formação psíquica dá conta da identificação primária da criança com seu semelhante a partir do investimento libidinal da imagem, movimento que só é possível por meio da antecipação simbólica. Lacan complementa que isto é um drama cujo impulso interno precipita-se da insuficiência para a antecipação. Isso produz, no sujeito apanhado no engodo da identificação espacial, as fantasias que ocorrem desde uma imagem dilacerada do corpo até a forma de totalidade que o psicanalista nomeia como *ortopédica*[194].

Este momento inaugural descrito pelo autor se refere à formação psíquica que dá conta da identificação primária da criança com seu semelhante, por meio do investimento libidinal da imagem, cabendo aos pais a constituição desse papel fundamental para o narcisismo de um sujeito.

Conforme pude acompanhar, a partir tanto das formulações freudianas sobre o narcisismo e da releitura de Lacan na proposição do Estádio do Espelho, está em jogo uma antecipação lógica, que é uma pré-condição para que um sujeito nasça. Tal antecipação é chamada de sincronia e corresponde ao projeto simbólico imaginado pelos pais, concernente ao filho, presente no imaginário daqueles antes mesmo do nascimento do bebê. Essa marca virtual posiciona simbólico-virtualmente um espaço que será ocupado pela criança diacronicamente no plano real[195]. Tal lógica permite, a partir dos operadores constituintes, como o jogo do olhar, a voz, a nomeação e o toque no corpo a partir do desejo dos pais, lançar o bebê no laço social e no simbólico[196].

---

[192] LACAN, J. [1949]. *Escritos*: O estádio do espelho como formador da função do eu tal como nos é revelada na experiência psicanalítica. Rio de Janeiro: Zahar, 1998. p. 97.

[193] LACAN, J. [1949]. *Escritos*: O estádio do espelho como formador da função do eu tal como nos é revelada na experiência psicanalítica. Rio de Janeiro: Zahar, 1998.

[194] *Ibid.*

[195] MOLINA, S. E. O bebê na sincronia e na diacronia: algumas questões. *In:* BERNARDINO, L. M. F. (org.). *O bebê e a modernidade*: abordagens teórico-clínicas. São Paulo: Casa do Psicólogo, 2002.

[196] *Ibid.*

Esses operadores, assim nomeados, permitem colocar em funcionamento o orgânico ao antecipar uma subjetividade. Este é o circuito pulsional. Para que a pulsão entre em funcionamento dentro de uma cadeia significante, é preciso que haja um circuito por meio dos jogos mencionados acima. No texto *Três Ensaios da Sexualidade*, Freud define pulsão como:

> [...] o representante psíquico de uma fonte endossomática de estimulação que flui continuamente, para diferenciá-la do 'estímulo', que é produzido por excitações isoladas vindas de fora. Pulsão, portanto, é um dos conceitos da delimitação entre o anímico e o físico.[197]

Lacan, ao fazer sua leitura da obra freudiana, acrescenta no seminário *Quatro Conceitos Fundamentais da Psicanálise* (1964) que a pulsão busca incessantemente uma fonte de satisfação pela via da repetição, e se mostrará em um movimento oscilante. Assim, a partir de sua fonte primordial, o *eu* se desloca para o objeto e retorna ao eu. Nesse movimento de ir e vir, o sujeito passa a ser não somente o autor da ação, mas a finalidade, o objeto[198].

Para Alfredo Jerusalinsky, esse é o momento da constituição subjetiva, da inscrição das marcas significantes pelo Outro, no qual:

> A captura do corpo por parte de uma cadeia significante o ordena em um olhar, escutar, dirigir-se, receber, entregar etc., em que as funções nutrícias ou excrementícias, ou os princípios perceptivos visuais da Gestalt-Theorie, cedem lugar a este ordenamento simbólico do corpo, operado por um Outro, que rearma esse corpo em uma posição imaginária.[199]

Este é o âmbito do Imaginário. Como vimos até então, Lacan articula que esse se inaugura no campo da imagem e da relação com o Outro, conforme propõe no próprio Estádio do Espelho.

Em 1954, o mesmo autor descreve, em uma das aulas da tópica do imaginário, o experimento do buquê invertido, do físico Henri Bouasse. Ele reafirma que, para que algo da imagem retorne ao sujeito enquanto imagem unificada, será necessário o olhar do Outro, presente numa ver-

---

[197] FREUD, S. [1905]. *In: Obras Completas*: Três Ensaios sobre a Sexualidade, Item: *Sexualidade Infantil* v. VII, Rio de Janeiro: Imago, 1996. p. 159.

[198] LACAN, J. [1964]. Seminário livro 11. *Os quatro conceitos fundamentais da psicanálise – O sujeito e o Outro II.* Rio de Janeiro: Zahar, 2008b.

[199] JERUSALINSKY, A. C. *Psicanálise e Desenvolvimento Infantil.* 2 ed. Porto Alegre: Artes e Ofício, 1999.

tente imaginária. Brevemente compartilhamos o experimento: de um lado, temos um espelho esférico côncavo e, do outro, um ramo de flores de cabeça para baixo, exatamente na curva do espelho, dentro de uma caixa aberta. A abertura está voltada para o espelho e sobre essa caixa, insere-se um vaso vazio. Com os objetos dispostos e o sinal de um triângulo à esquerda, representando um olho humano, teremos: um feixe de luz incidindo de fora da caixa sobre os ramos de flores que estão na parte inferior da caixa; de maneira difusa, parte dessa luz, desloca-se em direção ao espelho côncavo que reflete a imagem do ramo de flores, na superfície onde estaria a caixa vazia[200]. Notamos a imagem:

Figura 15 – Desenho do Experimento do físico Henri Bouasse

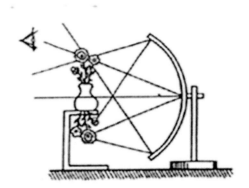

Fonte: Seminário I[201]

Lacan, por meio desta metáfora, ilustra o Estádio do Espelho, fazendo alusão ao corpo despedaçado da criança no início da vida, que se torna unificado diante, e dependendo da posição, de quem o olha. Estando evidente que recairá sobre o Outro o empenho de revestir e recobrir o orgânico do bebê com um tecido pulsional, transformando-o em corpo subjetivado. Isso favorece a trama subjetiva que possibilitará o deslizamento por inúmeros sentidos, transformando-se em imagem corporal[202]. Parte-se desse tecido pulsional em direção ao "ter-sido" tocado pela linguagem.

---

[200] LACAN, J. [1954]. Seminário livro 1. *Os escritos técnicos de Freud, A tópica do Imaginário*. Rio de Janeiro: Zahar, 1986.
[201] LACAN, J. [1954]. Seminário livro 1. *Os escritos técnicos de Freud, A tópica do Imaginário*. Rio de Janeiro: Zahar, 1986. p. 94.
[202] *Ibid.*

Além do exposto, esse experimento, conforme Lacan, faz entrever a noção de continente e conteúdo. segundo ele:

> [...] o eu primitivo, Ur-Ich ou Lust-Ich, se constitui pela clivagem, pela distinção com o mundo exterior - o que está incluído dentro distingue-se do que é rejeitado pelos processos de exclusão, *Aufstossung*, e de projeção.[203]

Ou ainda, o sujeito é efeito da antecipação, sendo essa imagem do corpo o que proporcionará ao sujeito a noção do que constitui ou não o eu. Verifico que, além da clivagem e projeção, mecanismos como introjeção, expulsão, negação, recalcamento, identificação e sublimação seguem fazendo parte dos momentos constituintes do eu, como os que encontro nos casos clínicos dos pacientes.

A construção do corpo de um bebê necessita da configuração de uma imagem, pois, sem isso, não é possível que ele se erga de forma ereta e se sustente em uma dimensão espacial que lhe permita se movimentar. Nesse caso, isso implica uma falha na constituição narcísica deste bebê[204].

Gostaria de articular esses momentos de constituição subjetiva com a elaboração dos desenhos infantis, os quais serão fruto destes tempos, como algo que é almejado, mas não necessariamente encontrado nos pacientes que me chegam. Neste primeiro momento subjetivo, o momento da organização pulsional, que no desenho é expresso como o instante do rabisco, ou seja, espaço de um traço, do gesto, da pulsão, no qual intensidade e força dominam. Os rabiscos-conglomerados se definem como descarga irregular pulsionais, escapando às tentativas de narração. O rabisco vai sofrendo alterações na medida em que a criança vai se apropriando mais de si, vai se tornando assim traço circular/garatuja. O olho que antes acompanhava o movimento rápido da mão, agora é o que a guia intencionalmente. Aos poucos, o rabisco vai ganhando sentido e forma[205].

Compartilharei aqui esse momento inicial, trazendo a evolução gráfica de uma paciente de 5 anos que esteve em tratamento. Ela chegou em uma posição subjetiva frágil e delicada, situando-se, em termos estruturais, numa psicose não-decidida, mas tendo ganhos subjetivos a cada sessão. Temos o grafismo em três tempos, na imagem (A) aos 4 anos, na imagem (B) aos 4 anos e 8 meses e na imagem (C) aos 5 anos:

---

[203] *Ibid.*, p. 95-96.

[204] FLESLER, A. As Intervenções do analista. *In: O infantil na Psicanálise*. Porto Alegre: Appoa, 2011.

[205] MÈREDIEU, F. *O desenho Infantil*. São Paulo: Cultrix, 2006.

Figura 16 – Grafismos em três tempos

| Imagem (A): Rabisco da menina aos quatro anos, feito antes do tratamento, trazido pela mãe. | Imagem (B): Traço Circular/ Garatuja. 2º mês do tratamento. | Imagem (C): Formas independentes/ indício da separação psíquica mãe/filha. 6º mês de análise. |

Fonte: desenhos da evolução gráfica de uma paciente de 5a

O exemplo citado acima corrobora o entendimento de que o desenho infantil vai se construindo na medida em que o sujeito em questão também vai se estruturando subjetivamente, por uma via estrutural e não cronológica. Sobre o exemplo mencionado, a menina aos 4 anos, conforme relato da mãe, ao produzir a figura da imagem (A), não conseguiu narrar ou verbalizar nada sobre esse momento. Notamos que, mesmo sem narrativa, a menina compõe fragmentos de traços soltos, o que nos remete a essa falta de "amarração" subjetiva. Já na imagem (B), durante a sessão de análise, disse que era *um desenho, que era ela*. Averiguamos um desenho mais organizado, que remete a um circuito pulsional mais constituído. Na imagem (C), ela disse que eram *ela, a mãe, o pai e a dinda passeando*. É interessante o início da separação dos corpos, com um sol surgindo com raios em outra dimensão da folha. Embora ainda surgindo como aglomeração, a paciente já começa a separá-los em espaços diferenciados, o que fala da sua construção subjetiva.

Retomando o momento da estruturação subjetiva, é importante ter claro que alguns processos subjetivos acontecem em concomitância, ou seja, narcisismo primário e complexo de Édipo. Veja a articulação proposta por Alba Flesler, por meio da leitura freudiana e lacaniana dos tempos edípicos constituintes do sujeito, na qual levará em conta a passagem do Édipo e os três registros que fundam um sujeito na sua estruturação subjetiva: o Real, o Simbólico e o Imaginário. A autora mostra que, em cada tempo de constituição, há um registo predominante.

Prosseguindo o que dizia anteriormente, acerca de que o ser humano existe antes do nascimento, de que é suposto antes de sê-lo e falado antes de falar num momento inaugural marcado pela ilusão, portanto, pelo imaginário. Alba Flesler dirá que este será o primeiro tempo, fundamental, no qual: [...] o Outro propõe e o sujeito responde. No início, responde sim e se aliena da proposta. Trata-se de ser ou não ser o pequeno esperado, de alcançar ou não o elevado patamar que simboliza o falo[206].

Esse primeiro tempo, em que o sujeito é colocado como objeto único para a mãe, e o jogo entre ser ou não o falo, serão ampliados até o aparecimento do "primeiro despertar pulsional"[207]. Esse instante de despertar será correlacionado com o instante de olhar, proposto por Lacan, sugerindo um acontecer simultâneo com o início do Édipo na assunção deste autor. Trata-se do primeiro despertar sexual, no qual a criança vê na mãe a realidade da falta do pênis (castração).[208].

Interessante esclarecer que, em termos de percepção psíquica, o que a criança vê é a castração no Outro primordial, e isso permite que a criança faça uma descoberta. E qual será a descoberta? De que ela não é o tudo da mãe, o falo. A mãe tem interesse em algo para além da criança, deixando cair o manto que recobria a ilusão de completude desta. Aqui estamos no registro do real[209].

Cabe aqui lançarmos um parágrafo que desdobre um pouco mais o conceito de real, para seguirmos com as proposições. Jacques Lacan desenvolveu pouco este conceito ao longo da sua obra. Em 1953, na conferência sobre o Simbólico, o Imaginário e o Real, ao ser inquirido por Serge Leclaire sobre o conceito de real, Lacan responde: *o real é, ou a totalidade ou o instante esvanecido. Na experiência analítica, para o sujeito, é sempre o choque com alguma coisa, por exemplo, com o silêncio do analista*[210]. Melhor dizendo, o real é o que nos escapa, é o impensável, é o que não tem sentido.

---

[206] FLESLER, A. *A Psicanálise de Crianças e o lugar dos pais*. Rio de Janeiro: Zahar, 2012. p. 71.

[207] *Ibid.*, p. 73.

[208] FLESLER, A. *A Psicanálise de Crianças e o lugar dos pais*. Rio de Janeiro: Zahar, 2012.

[209] *Ibid.*

[210] LACAN, J. [1953-1963]. *Nomes-do-Pai. Os quatro conceitos fundamentais da psicanálise – O simbólico, o imaginário e o real*. Rio de Janeiro: Zahar, 2005, p. 45.

Note que a evolução do desenho ocorre à medida que o estádio do espelho se arma, se completa e o conflito entre ser ou não o falo imaginário do Outro desperta o sujeito, proporcionando não apenas perdas, mas também ganhos de gozo. A imagem do corpo entrará em circulação lançando o pé em outras cenas. no que concerne ao desenho, essa passagem será mostrada enquanto ato de propriedade adquirida por parte da criança, que indicará sua nova perspectiva de sujeito no desenho[211].

Voltando ao curso da constituição, estamos no momento em que o menino descobre que não é o falo. Uma das saídas que se apresentará para a criança é a passagem do ser ao ter. No *Seminário das Formações do Inconsciente*, Lacan propõe que, nesse segundo tempo, para ter o falo, é necessário que primeiro:

> [...] tenha sido instaurado que não se pode tê-lo, de modo que a possibilidade de ser castrado é essencial na assunção do fato de ter o falo. Esse é um passo a ser transposto, no qual tem que intervir, em algum momento, eficazmente [...] o pai.[212]

Cabe lembrar que quem necessita agir eficazmente não é o pai concretamente, mas a função paterna, que pode ser exercida por qualquer pessoa próxima à criança. O predomínio do registro aqui é o do imaginário novamente. O sujeito, agora nesta outra posição, ao dizer não à criança do Outro, faz operar a separação. Tivemos, portanto, o momento da alienação, necessário para o início da constituição, e agora o da separação, do interdito: [...] *tempos em que o sujeito se efetua enquanto resposta*[213]. A autora acrescenta ainda que esse é o momento de renovação das nomeações e antecipações contidas do lado do desejo dos pais, outorgando um lugar para o sujeito, mas agora não o de ser o falo e sim, o de ter falo[214].

Estamos aqui em pleno predomínio do imaginário, no transcorrer da fase fálica proposta por Freud no texto da *Organização Genital Infantil*, em que a primazia do falo prevalece[215]. É comum que se encontrem desenhos que salientam genitais, objetos longos e pontudos. Algumas crianças já começam a apresentar desenhos que sugerem devoração ou

---

[211] FLESLER, A. *El niño em análisis:* y las intervenciones del analista. Buenos Aires: Paídos, 2011b.

[212] LACAN, J. [1957-1958]. Seminário livro 5. *As formações do Inconsciente, Os três tempos do Édipo*. Rio de Janeiro: Zahar, 1999a. p. 193.

[213] FLESLER, A. *A Psicanálise de Crianças e o lugar dos pais*. Rio de Janeiro: Zahar, 2012. p. 193.

[214] *Ibid.*

[215] FREUD, S. [1923]. *In: Obras Completas*: A organização genital infantil: Uma interpolação na teoria da sexualidade. Rio de Janeiro: Imago, 1996b. v. XIX.

são relativos à angústia de castração, que podem surgir nesse momento e nos próximos. Não se pode perder do horizonte que os tempos anteriores de constituição também poderão estar representados nos desenhos. Por exemplo, é possível que desenhos fragmentados, como cabeças suspensas, apareçam em um tempo em que outros registros estão se constituindo, mas ainda fazem menção ao período pré-especular. A fim de tornar mais ilustrativo, compartilho as seguintes produções:

Figura 17 – Desenho

Fonte: desenhos de um menino de 5 anos e 9 meses

Figura 18 – Caminho-fálus

Fonte: *O desenho infantil*[216]

---
[216] MÈREDIEU, F. *O desenho* Infantil. São Paulo: Cultrix, 2006. p. 76.

Figura 19 – Desenho

Fonte: desenho de outro menino aos 4 anos

As ilustrações permitem ter clareza de pontos que estamos desenvolvendo. Na Figura 17, por exemplo, aparece um desenho que o paciente faz ao retornar das férias com a família, quando diz: – *Vou te mostrar como foram as minhas férias*. No desenho, ele marca com o traço, em especial, o genital dos pais, igualando-os, o que faz parte de sua história, já que o menino ainda não os diferencia. A Figura 18, ilustrada por Mèredieu em seu livro, faz referência a um paciente que lhe fez essa produção, a qual nomeou "Caminho-fálus"[217]. A Figura 19 mostra outro paciente que se desenhou dentro de um foguete, que, segundo o relato, está partindo em alta velocidade para o espaço. Esse desenho é interessante pois o menino ainda está em construção da imagem inconsciente de seu corpo. No desenho, não há pés, mãos, boca e sua cabeça também não está formada. Após terminar o desenho disse: – *Faltou uma coisa*, e eu pergunto: – *O quê?*, – *Isso aqui*, e faz a genitália.

Também encontramos outros desenhos que apontam para as fantasias de devoração e perda em geral. Temáticas essas que remetem à angústia de castração. Vejamos o desenho proposto por Mèredieu sobre este momento:

---
[217] *Ibid.*

Figura 20 – Desenho apresentando a angústia da castração

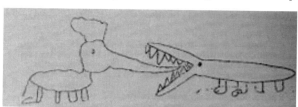

Fonte: *O desenho infantil*[218]

Seguindo o curso da constituição, a função paterna atua, neste momento, enquanto portador da lei, privando assim a mãe do filho e permitindo a instauração da falta na criança[219]. Nesse momento, ocorre uma redistribuição de gozo, entendido também como o instante de compreender em Lacan e momento da latência para Freud[220].

Segundo Alba Flesler, esse é o tempo em que o predomínio do registro é o simbólico. As brincadeiras se modificam, e os jogos de regras são mais interessantes, que dão certa legitimidade ao gozo e trazem sequência e reordenamento simbólico. Nesse terceiro tempo, o falo é entendido pela criança como simbólico, pois operou o nome-do-pai já operou, podendo assim circular pela cadeia significante com suas respectivas representações fálicas[221].

Lacan anuncia na conferência S.I.R., que, para que uma relação tenha um estatuto simbólico, será necessária a mediação de um terceiro, que propõe ao sujeito, [...] *o elemento transcendente graças ao qual sua relação com o objeto pode ser sustentada a certa distância*[222]. O simbólico está na linguagem e no modo como o sujeito se engaja em uma relação propriamente humana.

É interessante notar que o desenho é um indicativo da disponibilidade simbólica do sujeito para a representação. Isso ocorre porque o Outro, inicialmente, pode hesitar em fazer o jogo no plano especular, permitindo a simbolização da imagem para o sujeito. Essa representação por meio do desenho, portanto, reflete os efeitos dos processos de incorporação já mencionados neste capítulo. A geometria aparece com mais clareza (quadrado, círculo, triângulo) inserida no desenho, formando um todo que responde

---

[218] *Ibid.*, p. 74.
[219] LACAN, J. [1957-1958]. Seminário livro 5. *As formações do Inconsciente, Os três tempos do Édipo*. Rio de Janeiro: Zahar, 1999a.
[220] FLESLER, A. *A Psicanálise de Crianças e o lugar dos pais*. Rio de Janeiro: Zahar, 2012.
[221] LACAN, J. *op. cit.*
[222] Id. [1953-1963]. *Nomes-do-Pai – O simbólico, o imaginário e o real*. Rio de Janeiro: Zahar, 2005. p. 33.

a esse outro tempo subjetivo, uma operação simbólica, pois [...] *a imagem foi dinamizada. Com um ganho notável, desde este momento, em que continuidade e descontinuidade, pivôs alternados, contribuem para promover a série"*[223].

A produção simbólica concede a abertura para o início, no desenho, da passagem para outro plano. Nesse momento estrutural, começa a ficar mais clara a representação do espaço em duas dimensões. Alto e largo são, portanto, o que inaugurará a entrada na bidimensionalidade, proporcionada pela circulação do jogo significante, pois se perde o único sentido que representava a imagem do corpo e, por conseguinte, cristalizava a perspectiva do sujeito. Pode-se observar também o desenho da figura humana mais completa, no qual a criança está representando não somente a perda do corpo real, que deixa de ser visto como pedaço de carne, substituindo tal imagem. Esse é o momento em que a criança, põe em ato, por meio do desenho, na análise a simbolização de uma ausência, ou seja, simboliza a imagem de um corpo que não necessita mais da presença do olhar para mantê-lo[224]. Esse período da latência é o momento no qual sugere-se que a criança, por meio do desenho, consiga situar as fantasias do momento escolar, sendo esse o lugar do recalque, a escola enquanto lugar de crianças comportadas e, nesse caso, o desenho também[225].

Na latência, é ponderado que, a partir do recalque, os desenhos já não contemplem tantos nus, sendo desenhos de interação social, que envolvem questões intelectuais, como por exemplo, as produções a seguir:

Figura 21 – Sapo comendo mosca

Fonte: desenho de um paciente aos 7 anos

---

[223] FLESLER, A. *El niño em análisis*: y las intervenciones del analista. Buenos Aires: Paidós, 2011b. p. 155, tradução nossa.
[224] FLESLER, A. *El niño em análisis*: y las intervenciones del analista. Buenos Aires: Paidós, 2011b.
[225] MÈREDIEU, F. *O desenho Infantil*. São Paulo: Cultrix, 2006.

Figura 22 – Dois rapazes com seus bichos

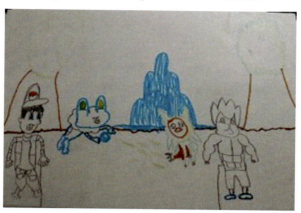

Fonte: desenho do mesmo paciente aos 8 anos

Esses dois desenhos têm aspectos bem interessantes. Na Figura 21, o paciente me diz que irá transformar em sapo o rapaz que o ameaça, e acrescenta: – *Ele vai comer mosca e ir para o brejo*: enquanto o sapo não fará mal a ninguém. Na Figura 22, há um convívio social, são dois rapazes cada um com seu bicho de estimação. Mas, note-se que o sapo tem uma marca apagada, um terceiro membro, que nos indica a marca do recalcamento. De maneira breve, conforme Laplanche e Pontalis, o recalcamento é uma operação na qual:

> [...] o sujeito procura repelir ou manter no inconsciente representações (pensamentos, imagens...) ligadas a uma pulsão. O recalque produz-se nos casos em que a satisfação de uma pulsão – suscetível de proporcionar prazer por si mesma – ameaçaria provocar desprazer relativamente a outras exigências.[226]

O próximo tempo constitucional que se anuncia será o despertar puberal. Com ele, ocorre o reinício da irrupção pulsional, reabrindo os orifícios do corpo e suscitando questionamentos sobre a sexualidade e a autoridade, dando vazão ao início da puberdade. Esse é o tempo do predomínio do registro do real, relançamento urgente de enlace das pulsões aos objetos, momento de orientação e desorientação dos desejos, que tendem a permanecer inconclusivos[227].

---

[226] LAPLANCHE e J. PONTALIS. *Vocabulário da Psicanálise*. 3. ed. São Paulo: Martins Fontes, 1998. p. 430.
[227] FLESLER, A. *A Psicanálise de Crianças e o lugar dos pais*. Rio de Janeiro: Zahar, 2012.

A psicanalista entende o último tempo de constituição como o momento de conclusão e precipitação das fantasias. Nesse momento, também contará com a operação do desejo dos pais que, mais uma vez, irá antecipar e nomear o sujeito para um gozo além do núcleo familiar. Trata-se do desfecho das fantasias, da enodação completa entre imaginário, real e simbólico[228].

Espera-se para esse momento, produções mais elaboradas, com riquezas de detalhes, que retratem questões fantasmáticas e fantasias de todas as espécies; a ilustração que segue foi produzida por um menino de 13 anos em sessões distintas.

Figura 23 – Pac, o personagem

Fonte: desenho nomeado por um menino de 13 anos

Figura 24 – O anjo da morte

Fonte: desenho nomeado pelo mesmo menino

---

[228] *Ibid.*

A propósito do desenho da Figura 23, o menino diz: – *Este é o Pac, no jogo ele só fica esperando alguém entrar, daí, atira*. Para armar suas defesas, precisava se armar no desenho. Sobre o desenho da Figura 24, o menino conta: – *Esse é o anjo da morte, é um super-herói. Seus olhos são vermelhos de pura raiva; carrega uma pistola, uma foice, uma adaga e uma espada; recebeu poderes de velocidade e super-pulo, ele salva as pessoas dos vilões.* Indago: – *Um anjo? Da morte? Com raiva, sangue nos olhos? De quem tem raiva?*, – *Parece que é do pai dele.* Esse menino sentia-se invadido pelos familiares que não respeitavam seu espaço. Ele passava as sessões desenhando armamentos e personagens de videogame, e falava sobre o quanto necessitava se defender.

Conforme Rodulfo, este também é o momento subjetivo em que os símbolos fálicos ressurgem, podendo estar acompanhados das questões fantasmáticas[229]. A Figura 25 remete a representações mais disfarçadas dos símbolos fálicos propostos por Marisa Rodulfo. Já a Figura 26 mostra um desenho de um menino de 12 anos, dizendo que se trata de um dinossauro carnívoro necessitando encontrar o cérebro de alguém para *ficar mais inteligente*. É interessante observar, neste momento subjetivo, a presença de outros tempos que se mesclam, configurando o pulsional agressivo e o canibalismo, deflagrados pela fixação na oralidade, pois se tratava de um menino com dificuldade em conter sua ira.

Figura 25 – Desenhos fálicos

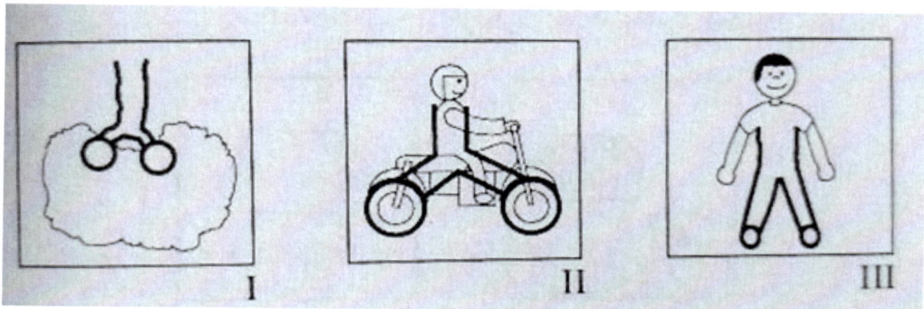

Fonte: El niño del dibujo[230]

---

[229] RODULFO, M. *El Niño del Dibujo*: Estudio Psicoanalítico del Grafismo y sus Funciones en la Construcción Temprana Del Cuerpo. Buenos Aires: Paídos, 2006.

[230] *Ibid.*, p. 71.

Figura 26 – Dinossauro carnívoro

Fonte: desenho de um menino de 12 anos

Leda Bernardino dirá com muita pertinência que este último tempo dependerá da versão que o sujeito dará, ao final de sua trajetória edípica, à metáfora paterna (Significante Nome-do-Pai)[231]. Isso permitirá a construção do nó borromeano, que articula Real, Simbólico e Imaginário. Além disso, surge um quarto elo, que é o sintoma, relativo à estrutura do sujeito. Freud preconiza em *Os caminhos da formação dos sintomas*, que os sintomas neuróticos têm um sentido e estão relacionados com as experiências individuais. São fruto de um conflito, de uma nova maneira de satisfação da libido. Como ele afirma, o sintoma *surge pela frustração, em consequência da qual a libido, impedida de encontrar satisfação, é forçada a procurar outros objetos e outros caminhos*[232]. É como se diante da desaprovação de uma parte da personalidade, se impusesse um *veto* que impedisse o novo método de satisfação. O sintoma acaba sendo um substituto. Freud em *Inibição, sintoma e angústia*, dirá que *um sintoma é um sinal e um substituto de uma satisfação instintual que permaneceu em estado jacente; é uma consequência de um processo de repressão...persiste como formação de compromisso*[233], pois tem relação com a censura que ocorre nas instâncias inconscientes e conscientes.

---

[231] BERNARDINO, L. *As Psicoses Não-Decididas da Infância*: Um Estudo Psicanalítico. São Paulo: Casa do Psicólogo, 2004.

[232] FREUD, S. ([1916-1917]). *In: Obras Completas*: Conferência XXIII, *Os caminhos da formação dos sintomas*. Rio de Janeiro: Imago, 1996. v. XVI. p. 353.

[233] *Id.* ([1925]1926). *In: Obras Completas*: Inibição, sintoma e ansiedade. Rio de Janeiro: Imago, 1996b. v. XX.

Podemos entender como Leda Bernardino nos lembra que a estruturação psíquica de um sujeito é a resposta a vários tempos que em primeira instância se instauram e, após, são retomados de forma distinta, pois aí entra em jogo também o redirecionamento do desejo dos pais, "[...] considerando um desenvolvimento real, de um corpo tomado como imaginário, de uma série de processos de contato com a estrutura simbólica pré-existente que o sujeito encontra ao nascimento"[234].

Note, a partir do exposto, que o objeto da psicanálise não é a criança, mas sim o sujeito, e que a estrutura subjetiva diz respeito à relação que se estabelece entre o real, o simbólico e o imaginário, amarrados borromeanamente. Não restam dúvidas de que o nó borromeo é um operador clínico em um trabalho analítico e que o desenho/traço também é uma forma de enodamento. A criança tanto se enodar tanto pela corda e pelo corpo quanto pelo traço. É nesse sentido que tomo o desenho/traço como operador clínico.

Vamos ao nó borromeo. Ele é composto por três cordas, que se equivalem, amarradas, passando por cima do que está acima, e por baixo do que fica abaixo, e tem como característica espacial que, quando uma se solta, as outras se desprendem também[235]. Lacan tomou de empréstimo do brasão da família Borromeo os aros/cordas, para nos propor a seguinte configuração:

Figura 27 – Configuração elaborada por Lacan (adaptado)

Fonte: Seminário 23 O Sinthoma[236]

---

[234] BERNARDINO, L. *As Psicoses Não-Decididas da Infância*: Um Estudo Psicanalítico. São Paulo: Casa do Psicólogo, 2004. p. 53.
[235] JEANVOINE, M. Nó Borromeu. *In: Dicionário de Psicanálise Freud e Lacan*. Salvador: Ágalma, 1997.
[236] LACAN, J. (1975-1976). Seminário livro 23. *O sinthoma, Do uso lógico do Sinthoma, ou Freud com Joyce*. Rio de Janeiro: Zahar, 2007. p. 21.

Posta a amarração do nó, no entrecruzamento das cordas está o *objeto a*. Lacan utilizou esse termo para "designar o objeto desejado pelo sujeito e que se furta a ele a ponto de ser não representável, ou [...] um "resto" não simbolizável, [...] aparece apenas como uma 'falha-a-ser', ou [...] de forma fragmentada"[237], ou seja, pelos objetos parciais deslocados do corpo, como o seio, as fezes, a voz e o olhar. Portanto, teremos o *objeto a* cercado pelos três registros que configuram a estrutura de um sujeito. Isso nos leva a pensar no sujeito não cronológico, mas em seus tempos, ou seja, a criança passa pelos tempos do simbólico, do real e do imaginário até que os elos se enodem[238].

É importante salientar que não existe uma ruptura definitiva de um tempo para outro, mas que se mesclam traços, linhas, bidimensionalidades e temas, com um esvanecimento gradativo de um tempo até chegar a outro, levando em conta a realidade singular, que irá afetar o desenho; os tempos também se superpõem a outros tempos.

Psicanalistas contemporâneos como Alba Flesler, Marisa Rodulfo, Ricardo Rodulfo, Silvia Molina, Florence de Mèredieu, que venho citando, consideraram que a criança, ao desenhar, reconstrói seus tempos de constituição subjetiva, considerando a interação complexa neste enlace subjetivo, que desembocarão, ou não, no real, no simbólico e no imaginário ao final da resolução edípica. Esse entrelaçamento, a partir de sua constituição, permite construir a estrutura angular da emergência do fantasma. Abarcarei a questão das fantasias e a formulação do fantasma nos capítulos seguintes.

No desenhar, como vimos, estarão em jogo também os aspectos pulsionais da criança, delineados pelas diversas ondulações, formatos e montagens como "carne traçada", conforme nos lembra Marisa Rodulfo[239].

Silvia Molina dirá que a mão é um instrumento preparado, investido, pois recoberta de comida pela pequena criança, e, depois, utilizada como papel, pintada e rabiscada, será pulsada pelas inscrições inconscientes e pré-conscientes. Por isso, o desenho portará um ato significante, pois, ao desenhar, a criança expressa o que está além da consciência, reunindo, em um mesmo ato o eixo diacrônico e sincrônico próprios à linguagem[240].

---

[237] ROUDINESCO, E., PLON, M. *Dicionário de Psicanálise*. Rio de Janeiro: Zahar, 1998. p. 551.

[238] FLESLER, A. *El niño em análisis:* y las intervenciones del analista. Buenos Aires: Paídos, 2011b.

[239] RODULFO, M. *El Niño del Dibujo*: Estudio Psicoanalítico del Grafismo y sus Funciones en la Construcción Temprana Del Cuerpo. Buenos Aires: Paídos, 2006. p. 78.

[240] MOLINA, S. E. De onde surge o brincar e o desenhar?. *In: O infantil na Psicanálise*. Porto Alegre: APPOA, 2011.

O psicanalista Ricardo Rodulfo também indicará, a partir de seus estudos clínicos, três pontos de inflexão que surgem na estrutura subjetiva, os quais estarão circulando em torno de três áreas fundamentais, às quais chamou de lugares de alojamento. São eles: o corpo materno, o espelho e a folha de papel, havendo entre eles uma interação dos registros (I.R.S.) nesses lugares[241]. Acrescentará que esses lugares fazem parte da constituição subjetiva e produzem simultaneamente a própria corporeidade subjetiva.

A psicanalista argentina Liliana Doniz lembrará a importância do corpo na análise infantil. Para ela, as crianças em tratamento analítico jogam, desenham e escrevem o seu corpo do momento, do instante. Eles são denominados por ela como suportes do dizer infantil, sendo no jogo que se armará a cena em que o corpo entra e sai, aparece e desaparece. Já no desenho, segundo a autora, o corpo se desdibuja, "desdesenha, passando à superfície da folha que transforma em imagem"[242]. Ou melhor, é como se a criança, ao desenhar, se desfizesse em seu corpo e, diante da folha de papel, se refizesse enquanto imagem. Interessante proposição, pois nos deixa diante da pura projeção.

Vimos, no primeiro capítulo deste livro, as formas de representação nas cavernas como um registro dos hábitos, costumes e vida social de cada época e região. Tal registro nos lembra, a psicanalista Sapiro, que não deixou de nos ofertar um íntimo contato com a subjetividade ancestral, pois os ancestrais, ao desenharem, transportam as marcas de cada era no tempo, na repetição do traçado e das linhas, mediante a pulsão escópica, por meio da qual a vida tribal passa a nos invadir[243]. É interessante como encontramos nas produções infantis a presença dos ancestrais, cabendo à criança de hoje também relançar nossa história enquanto pré-história no futuro.

Quem nunca viu o deleite de uma criança ao pintar, lambuzar sua própria mão e lança-la, enquanto registro e construção de identidade, na folha de papel? Tal ato não lembra as "mãos em negativo" conforme referido no primeiro capítulo? Traremos essas imagens para aqui tornar claro o pensamento:

---

[241] RODULFO, 2008.

[242] DONIZ, L. *Jugar, dibujar, escribir*: Psicoanálisis con niños. Rosario: Homo Sapiens, 1998. p. 17, tradução nossa.

[243] SAPIRO, J. *Desenhos e Lenda Sisciliana*. No prelo.

Figura 28 – Cueva de las manos (Mãos em negativo)

Fonte: desenho rupestre, Argentina[244]

Figura 29 – Mãos em guache

Fonte: produção de um menino de dois anos

A criança, ao repetir os desenhos ancestrais, não só repete o que concerniria a outros tempos, como também recria o futuro e, ao mesmo tempo, subjetiva-se em transferência, recriando, a partir das referências e transmissões significantes ancestrais, algo que a lança para além dos mitos de origem[245].

Podemos notar até agora que tanto o jogar, o desenhar e o escrever são meios em que a linguagem, o inconsciente e a subjetividade infantil realizam seu trabalho em tempos e termos elaborativos. Enquanto analista, sirvo-me disso para estabelecer pontos de resolução de conflitos na

---

[244] CELIS, D.; CONTRERAS, A. Original do Manual de arte rupestre de Cundinamarca. *RupestreWeb*, [s. l.], 2004. Disponível em: www.rupestreweb.info/introduccion.html. Acesso em: 4 fev. 2019.
[245] *Ibidem*.

passagem dos tempos constituintes de quem me procura, pois, durante o processo do desenhar, a criança põe em jogo a construção e aquisição da sua própria imagem e de outros tempos de subjetivação.

O desenho, enquanto recurso clínico, reproduz a problemática que surge no sintoma, cabendo ao analista o trabalho da interpretação junto a aquilo que é narrado pelo paciente, oferecendo contorno ao real desde a perspectiva imaginária. Conforme dito, em termos de constituição subjetiva, o desenho também serve para poder ser enodado ao simbólico, sendo interpretado e metaforizado a partir das intervenções do analista na estruturação do simbólico. Um contraponto também deve ser levantado: o que significa uma criança que não desenha? Que não representa? Pode haver um obstáculo importante no que concerne à subjetivação dessa criança, por isso, cabe ficar atento aos grafismos dos sujeitos que nos procuram, pois serão a bússola da estruturação psíquica.

Figura 30 – *Scenarius*

Fonte: Zetti Toledo (2021)

DA IMAGEM AO SONHO, DO SONHO À SUA INTERPRETAÇÃO

2.1 O Sonho e sua Interpretação

Uma Imagem vale mais que mil palavras. (Confúcio)

Primeiro vem a imagem, depois, a representação. Freud, no texto *Egoe id*, diz que as representações verbais, ou seja, as palavras

> [...] são resíduos de lembranças; que foram antes percepções e, como todos os resíduos mnêmicos, podem tornar-se conscientes de novo [...] em essência, uma palavra é, em última análise, o resíduo mnêmico de uma palavra que foi ouvida[246]

A frase instigante de Confúcio, utilizada como epígrafe neste capítulo, faz-nos pensar que a imagem pode nos servir de premissa para que, a partir dela, advenham as palavras. A imagem, por si só, nos parece não valer nada sem um dizer sobre ela. Não há deslizamento, pois não porta um significado em si. Estamos diante da importância da imagem e da representação, elemento de destaque que incide sobre nossa investigação, pois, nos desenhos infantis, a imagem mental que vem primeiro para logo ser, ou não, transposta ao papel, representada e, narrada. Isso nos aproxima da teorização freudiana acerca dos sonhos, cuja imagem/cena está posta para o sonhador, sendo mediada por um dizer, por um texto. Em vista disso, neste livro, entenderemos a cena do sonho como um desenho onírico.

Em 1915, Freud, em *Conferências Introdutórias sobre a Psicanálise, parte I e II*, compartilha com seu leitor que, no curso do tratamento de seus pacientes, ao invés de apresentarem seus sintomas, eles expunham seus sonhos, despertando sua suspeita de que, assim como os sintomas, os sonhos também teriam um sentido em termos psíquicos e precisariam ser explorados[247]. Neste capítulo, pretendo apresentar tais proposições.

---

[246] FREUD, S. [1923]. *In: Obras Completas*: O Ego e i *Id*. Rio de Janeiro: Imago, 1996. v. XIX. p. 34-35.

[247] *Id.* ([1915-1917]1916-1917). *In: Obras Completas*: Conferências Introdutórias sobre Psicanálise. Rio de Janeiro: Imago, 1996. Parte I e II. v. XV.

Freud, no célebre texto sobre a Interpretação dos Sonhos *Die Traumdeutung*, de 1900, brilhantemente elaborou a tese de que os sonhos prolongam o ofício e os interesses da vida em vigília e jamais se ocupam de detalhes insignificantes. Com esse ensaio, inaugurou não só uma metapsicologia dos sonhos, mas também conceitualizações que serviriam de base para o desenvolvimento da própria teoria psicanalítica. Esse extenso trabalho, desenvolvido com a minúcia dos conceitos, permitiu a Freud demonstrar a importância da utilização de tal recurso no andamento de uma análise. O desenvolvimento dessa teoria, nas suas palavras, fez a psicanálise avançar de um "método psicoterapêutico para psicologia profunda"[248].

Darei prioridade e enfatizarei, neste momento, alguns conceitos desdobrados por Freud por meio dos sonhos, naquilo que encontro ressonância também no desenho infantil, para, mais adiante, aplicar essa metapsicologia dos sonhos nos estudos de caso que serão trabalhados aqui.

Em seu estudo, Freud irá dizer que, ao adormecermos, em função do relaxamento próprio da situação, surgem representações involuntárias que nos influenciam quando estamos em vigília e que, ao surgirem, são representadas por imagens visuais e acústicas[249]. O autor, interessado em buscar respostas satisfatórias quanto à atribuição de uma origem às imagens que formulam o material do sonho, parte de quatro fontes que poderão servir de estímulo para a formação de um sonho. São elas: "(1) excitações sensoriais externas (objetivas); (2) excitações sensoriais internas (subjetivas); (3) estímulos somáticos internos (orgânicos); e (4) fontes de estimulação puramente psíquica"[250].

Passo a passo, Freud desvela que o sonho é detentor de um sentido, e que esse sentido está na decifração dos pensamentos ocultos no sonho, tendo relação com a realização de um desejo. Os sonhos têm por característica serem hipermnésicos, ou seja, vinculados a uma excitação da memória que acessa com facilidade o material proveniente da infância. "Nossa teoria dos sonhos encara os desejos originários do infantil como a força propulsora indispensável para a formação dos sonhos"[251].

---

[248] *Id.* (1933 [1932]). *In: Obras Completas*: Novas Conferências Introdutórias sobre Psicanálise. Rio de Janeiro: Imago, 1996. v. XXII. p. 17.

[249] FREUD, S. [1900]. *In: Obras Completas*: A Interpretação dos Sonhos Parte 1. Rio de Janeiro: Imago, 1996. v. IV.

[250] *Ibid.*, p. 59.

[251] FREUD, S. [1901]. *In: Obras Completas*: A Interpretação dos Sonhos Parte II. Rio de Janeiro: Imago, 1996. v. V. p. 616.

No curso de sua pesquisa, Freud irá apontar para uma característica que pôde identificar ao interpretar seus próprios sonhos, a qual corresponde à distorção do mesmo (podendo surgir também como dissimulação). Tal fenômeno está ligado à censura, pois, quando no sonho [...] a realização do desejo é irreconhecível, em que é disfarçada, deve ter havido alguma inclinação para se erguer uma defesa contra o desejo; e, graças a essa defesa, o desejo é incapaz de se expressar, a não ser de forma distorcida[252]. Mais adiante, o autor constatará que o sonho é, no fundo, uma realização (camuflada) de um desejo que foi suprimido ou recalcado – o recalque é uma operação de defesa na qual se pretende manter no inconsciente representações ligadas a uma pulsão, que ameaçaria gerar desprazer em face a outras exigências, segundo Laplanche e Pontalis[253].

A investigação referente ao sonho levou Freud a pensar na existência de dois registros distintos: um, situado no âmbito consciente, o que do sonho é acessível ao sonhador, e o outro, que é inacessível à consciência, resultado de um desejo inconsciente[254]. No sonho, vemos que o primeiro registro é um substituto do segundo[255]. Para Freud, na Conferência XXIX, o sonho traz em si esses dois registros, entendidos como o conteúdo manifesto, também chamado de "texto do sonho"[256], isto é, o que se apresenta à consciência em forma de imagens visuais e acústicas, sendo o relato propriamente dito. O outro registro refere-se ao pensamento onírico latente, configurado por aquilo que não está manifesto, pelo que está por trás da descrição do sonho, "aquilo que estamos procurando, o que suspeitamos existir"[257]; em outras palavras, aquilo que a análise vai revelando. Além disso, é necessário transformar o pensamento onírico manifesto e latente por meio da interpretação dos sonhos, mostrando como, na mente de quem apresenta o sonho, o conteúdo latente se tornou manifesto[258].

Para a interpretação dos sonhos, Freud utilizará o método da decifração: os sonhos serão entendidos por ele [...] como uma espécie de criptografia em que cada signo pode ser traduzido por outro signo de

---

[252] *Ibid.*, p. 176.

[253] LAPLANCHE e J. PONTALIS. *Vocabulário da Psicanálise*. 3. ed. São Paulo: Martins Fontes, 1998.

[254] FREUD, S. [1900]. *In: Obras Completas*: A Interpretação dos Sonhos Parte 1. Rio de Janeiro: Imago, 1996. v. IV.

[255] GARCIA-ROZA, L. A. *Introdução à Metapsicologia Freudiana*. 2. ed. Rio de Janeiro: Zahar, 1993.

[256] FREUD, S. ([1932]1933). *In: Obras Completas*: Novas Conferências Introdutórias sobre Psicanálise. Rio de Janeiro: Imago, 1996. v. XXII. p. 19.

[257] *Ibid.*

[258] *Ibid.*

significado conhecido, de acordo com o código fixo[259]. Esse método leva em conta tanto o conteúdo do sonho quanto as associações do sonhador, evidenciando que o sonho necessita fazer sentido a partir das associações de quem sonha e que a essência da interpretação está no fato de poder decifrar, junto ao sonhador, fragmentos e parcelas do sonho, não necessariamente o sonho como um todo[260].

De acordo com Garcia-Roza, o sonho deve ser pensado como uma escritura psíquica, que abrange uma encenação, mas, segundo ele, [...] não de um texto prévio que ele traduz em imagens; ele é o próprio texto, escritura feita de elementos pictográficos originais que não obedece a nenhum código anterior a ela própria[261].

Enquanto investigador, após se lançar a diversas interpretações, Freud dirá que o sonho não pode ser totalmente interpretado, tampouco ter um fim definido, ressaltando que há algo no sonho que resta encoberto, chamando esse ponto de umbigo do sonho. Note como articulou essas ideias:

> Mesmo no sonho mais minuciosamente interpretado, é frequente haver um trecho que tem de ser deixado na obscuridade; é que, durante o trabalho de interpretação, apercebemo-nos de que há nesse ponto um emaranhado de pensamentos oníricos que não se deixa desenredar e que, além disso, nada acrescenta a nosso conhecimento do conteúdo do sonho. Esse é o umbigo do sonho, o ponto onde ele mergulha no desconhecido.[262]

É perceptível que algo escapa à compreensão no sonho. Assim, Freud dirá que "o inconsciente é a verdadeira realidade psíquica"[263] presente nos sonhos por meio da representação do corpo simbólico, sendo o produto de fantasias (advindas das moções sexuais) que encontram seu lugar nos sonhos, nas estruturas subjetivas e nos sintomas. Cabe aos analistas retirar o disfarce onírico, que é o produto do trabalho do sonho[264]. Freud também ressaltará a ideia de que a atividade inconsciente da fantasia tem grande importância e responsabilidade na formação dos pensamentos

---

[259] *Id.* [1900]. *In: Obras Completas*: A Interpretação dos Sonhos Parte 1. Rio de Janeiro: Imago, 1996. v. IV. p. 132.

[260] *Ibid.*

[261] GARCIA-ROZA, L. A. *Introdução à Metapsicologia Freudiana*. 2. ed. Rio de Janeiro: Zahar, 1993. p. 63.

[262] FREUD, S. [1901]. *In: Obras Completas*: A Interpretação dos Sonhos Parte II. Rio de Janeiro: Imago, 1996. v. V. p. 556.

[263] *Ibid.*, p. 637.

[264] *Id.* [1900]. *In: Obras Completas*: A Interpretação dos Sonhos Parte 1. Rio de Janeiro: Imago, 1996. v. IV.

oníricos. Essa concepção é notória e familiar, pois é encontrada também tal representatividade inconsciente no desenho infantil e nas respectivas produções de história sobre o desenho[265].

Pelo exposto anteriormente, pode-se observar que os desenhos infantis, em sua maioria, pois existem crianças que sequer desenham, contemplam a imagem do que se pretende transpor ao papel e, por meio do traçado, representam, desse modo, uma história elaborada. Tal elaboração dependerá do tempo estrutural de cada criança. Constatamos na clínica que algumas não conseguem nem representar, tampouco elaborar uma história. Se, nos sonhos dos adultos e das crianças, temos igualmente uma imagem e um relato do pensamento onírico, poderíamos utilizar o método da interpretação dos sonhos para ler os desenhos, já que existem elementos que se assemelham tanto no sonho como no desenho? Pergunto, então: que relação existe entre a produção gráfica de uma criança e o seu inconsciente? E ainda: quais são as fantasias e fantasmas que ali se projetam, tomando forma e contorno nas histórias enunciadas? Seria, então, possível, por meio dos desenhos, dar lugar à elaboração?

Em conformidade com o que vimos, o sonho é um processo dotado de sentido e, como nos lembra Freud, "passível de ser inserido na cadeia de experiências psíquicas do sonhador"[266]; este, por sua vez, estabelece relação e se propõe a associar a propósito do sonho narrado, no qual uma representação pode se desdobrar e levar a outra associação. Isso se dá nos sonhos dos adultos, mas e quanto aos sonhos das crianças? Freud faz distinções importantes sobre os sonhos dos adultos e das crianças nos textos de 1900, a *Interpretação dos Sonhos* e nas *Conferências Introdutórias*[267].

Interessado nos sonhos das crianças, antes de seu trabalho sobre a *Interpretação dos Sonhos*, já em correspondência a Fliess, na carta 73 (31 de outubro de 1897), Freud relata o sonho de sua filha Anna, de 1 ano e 6 meses de idade. Em função de ter passado mal pela manhã, possivelmente por ter ingerido 'morangos', foi submetida a uma dieta, sendo privada de comer. A pequena Anna, durante o sono, proferiu tais palavras: "molangos, molangos silvestres, omelete, pudim"[268]. Assim,

---

[265] *Ibid.*

[266] *Ibid.* [1901]. *In: Obras Completas*: A Interpretação dos Sonhos Parte II. Rio de Janeiro: Imago, 1996. v. V. p. 542.

[267] FREUD, S. ([1915-1917]1916-1917). *In: Obras Completas*: Conferências Introdutórias sobre Psicanálise, parte I e II. Rio de Janeiro: Imago, 1996. v. XV.

[268] *Id.* ([1895]1950). *In: Obras Completas*: Extratos dos Documentos Dirigidos a Fliess, carta 73 de 31 de outubro de 1897. Rio de Janeiro: Imago, 2006d. v. I. p. 318.

segundo Freud, a filha obteve acesso, no sonho, àquilo que lhe foi proibido durante o dia, produzindo assim um sonho compensatório. Freud dirá que o sonho de uma criança "é uma reação a uma experiência do dia precedente, a qual deixou atrás de si uma mágoa, um anelo, um desejo que não foi satisfeito. O sonho proporciona uma satisfação direta, indisfarçada, desse desejo"[269].

Outro exemplo nos ajuda a pensar sobre a ligação do sonho infantil com a vida diurna, fornecido por outra filha de Freud. Nele, fica mais evidente a expressão de desejos pendentes que acabam sendo realizados na noite seguinte. Vamos ao fato que antecede o sonho: a família atravessara um lago de linda paisagem e, para a menina de 3 anos e 3 meses, essa travessia pareceu curta demais, pois, no desembarque, a pequena caiu em prantos, não querendo ir embora. Na manhã seguinte, surge o relato do sonho: "ontem de noite fui para o lago"[270], ao que Freud observa: "Esperemos que sua travessia no sonho tenha sido de uma duração mais satisfatória"[271]. Portanto, o sonho é originado por um desejo, e essa satisfação constitui o conteúdo do sonho. Freud, porém, nos dirá que ele tem outra característica: "a de que o sonho não faz simplesmente reproduzir esse estímulo, mas remove-o, elimina-o, através de um tipo de vivência"[272].

Será nas *Conferências Introdutórias* que Freud dirá que, nas crianças pequenas, o sonho será "a reação, durante o sono, da vida mental da criança à experiência que teve no dia precedente"[273], ou seja, terá uma estreita ligação com a vida diurna, não apresentando deformação onírica e não exigindo interpretação por parte do analista, pois tanto o sonho manifesto quanto o latente coincidem. Para Freud, nesses sonhos, mais clara a realização de desejo, e tal realização se dará em função do princípio do prazer[274]. O autor entende por princípio do prazer o funcionamento psíquico que visa obter o prazer e evitar o desprazer, sem o menor limite

---

[269] *Id.* ([1915-1917]1916-1917). *In: Obras Completas*: Conferências Introdutórias sobre Psicanálise, parte I e II. Rio de Janeiro: Imago. v. XV. p. 131.

[270] *Id.* [1900]. *In: Obras Completas*: A Interpretação dos Sonhos Parte 1. Rio de Janeiro: Imago, 1996. v. IV. p. 164.

[271] *Ibid.*

[272] *Id.* ([1915-1917]1916-1917). *In: Obras Completas*: Conferências Introdutórias sobre Psicanálise, parte I e II. Rio de Janeiro: Imago. v. XV. p. 132.

[273] FREUD, S. ([1915-1917]1916-1917). *In: Obras Completas*: Conferências Introdutórias sobre Psicanálise, parte I e II. Rio de Janeiro: Imago. v. XV. p. 130.

[274] *Id.* [1901]. *In: Obras Completas*: A Interpretação dos Sonhos Parte II. Rio de Janeiro: Imago, 1996. v. V.

ou esforço[275]. Freud concluirá que não há dúvida de que as produções oníricas das crianças são simples, ou melhor, menos complicadas do que as elaboradas por adultos[276].

Mais adiante, ele nos dirá que isso se deve à diferença do momento estrutural subjetivo de cada um e que, quanto menor a criança, mais simples será o sonho. Acrescenta ainda que a criança iniciará a deformação onírica por volta dos 5 aos 8 anos, possuindo já esses sonhos as características daqueles de sujeitos com maior idade[277]. Isso se dará pelo tempo de estruturação da criança, pois uma criança que já entrou no Édipo terá mais conflito e angústia do que uma criança que ainda não entrou, pois a censura já pode estar posta para uma e para outra não.

Se notarmos, Freud também apresenta os sonhos em tempos estruturais; assim, ele referenciará os sonhos de castração em crianças, trazendo o exemplo de um menino de 3 anos e 5 meses que não gostava quando seu pai retornava da frente de batalha. Ao acordar, com excitação dizia: "Por que papai estava carregando a cabeça numa bandeja? Ontem de noite papai estava carregando a cabeça numa bandeja"[278].

E como não lembrar dos sonhos edípicos, de angústia, descritos por Freud no caso clínico do pequeno Hans? Certa vez, Hans relatou: – *Quando eu estava dormindo, pensei que você tinha ido embora e eu ficava sem a mamãe para mimarmos juntos*"[279], um sonho de angústia, medo e abandono típico do tempo estrutural. O autor também aponta para a presença da distorção onírica em função dos desejos incestuosos de Hans.

Durante seu processo investigativo, Freud destacará também o material infantil como fonte dos sonhos, pois, por meio de exemplos oníricos, ele verificou que "a criança e seus impulsos continuam vivos no sonho"[280]. Assim, quanto maior for a investigação onírica, com mais frequência chegar-se-á às pistas das vivências da infância que cumpriram seu papel no conteúdo latente do sonho. Freud acrescentará ainda que:

---

[275] *Id.* [1920]. *In: Obras Completas*: Além do Princípio do Prazer. Rio de Janeiro: Imago, 1996. v. XVIII.

[276] *Id.* [1900]. *In: Obras Completas*: A Interpretação dos Sonhos Parte 1. Rio de Janeiro: Imago, 1996. v. IV.

[277] *Id.* ([1915-1917]1916-1917). *In: Obras Completas*: Conferências Introdutórias sobre Psicanálise, parte I e II. Rio de Janeiro: Imago. v. XV.

[278] *Id.* [1900]. *In: Obras Completas*: A Interpretação dos Sonhos Parte 1. Rio de Janeiro: Imago, 1996. v. IV. p. 400.

[279] *Id.* [1909]. *In: Obras Completas*: Análise da fobia de um garoto de cinco anos: "O Pequeno Hans". Rio de Janeiro: Imago,1996. v. X. p. 30.

[280] FREUD, S. [1900]. *In: Obras Completas*: A Interpretação dos Sonhos Parte 1. Rio de Janeiro: Imago, 1996. v. IV. p. 221.

> Os sonhos muitas vezes parecem ter mais de um sentido. [...], podem abranger várias realizações de desejos, uma ao lado da outra, como também pode haver uma sucessão de sentidos ou realizações de desejos superpostos uns aos outros, achando-se na base a realização de um desejo que data da primeira infância.[281]

Peter Gay, na biografia *Freud, uma vida para o nosso tempo*, lembra um sonho de repetição que Freud teve por muito tempo e que derivou de um acontecimento na infância. Por volta dos 7 ou 8 anos de idade, Freud havia urinado no quarto dos pais, e seu pai, no momento, disse-lhe que ele jamais ele seria alguém na vida. Durante boa parte de sua história, Freud passa a ter constantemente o sonho em que seu pai repete tais palavras, e isso vinha associado às suas realizações de êxito, como se quisesse dizer ao pai que, sim, ele chegou a algum lugar na vida![282] Logo, temos um sonho originado na infância que perpassa toda a vida adulta, enquanto resposta a algo que foi difícil de ouvir. Os sonhos, nos diz Freud, não são perturbadores do sono, mas sim, guardiões que extinguem as perturbações do sono[283].

Para finalizar este momento, compartilho as palavras de Lacan em *Função e Campo da fala e da linguagem*, em que, retornando a Freud, em sua obra *Traumdeutung*, dirá:

> [...] o sonho tem a estrutura de uma frase, ou melhor, atendo-nos à sua letra, de um rébus, isto é, de uma escrita da qual o sonho da criança representa a ideografia primordial, e que reproduz no adulto o emprego fonético e simbólico, simultaneamente, dos elementos significantes que tanto encontramos nos hieróglifos do antigo Egito quanto nos caracteres cujo uso a China conserva. [...] É na versão do texto que o importante começa, o importante que Freud nos diz ser dado na elaboração do sonho, isto é, em sua retórica.[284]

Com o sonho, a partir de Freud, podemos ler as intenções moduladas pelo sujeito no discurso onírico, buscando nele a expressão de um desejo e, conforme prossegue Lacan, esse desejo encontra aporte e sentido no desejo do outro, não porque o outro saberá o objeto desejado, mas em função do

---

[281] *Ibid.*, p. 248.

[282] GAY, P. *A Biografia definitiva, Freud*: Uma vida para o nosso tempo. São Paulo: Companhia das Letras, 1912.

[283] FREUD, S. ([1915-1917]1916-1917). *In: Obras Completas*: Conferências Introdutórias sobre Psicanálise, parte I e II. Rio de Janeiro: Imago. v. XV.

[284] LACAN, J. [1953]. *Escritos*: Função e Campo da Fala e da linguagem. Rio de Janeiro: Zahar, 1998. p. 268-269.

seu primeiro objeto a ser reconhecido pelo outro. As questões levantadas até este momento nos servem de apoio para seguirmos investigando. Se pensarmos que, no sonho, existe uma projeção de conteúdos que surgem no material onírico como forma de realização de desejo e, além disso, que aquilo que é suprimido vem como força propulsora para a produção dos sonhos, sendo esses desejos originários do infantil de cada um, podemos transpor tal lógica aos desenhos produzidos por crianças em análise? Parece possível utilizar o método de interpretação dos sonhos de Freud para interpretar os desenhos infantis, partindo do aspecto central que se refere à distorção causada pelo trabalho do inconsciente.

No próximo capítulo, explorarei com mais afinco os processos psíquicos que compõe o trabalho do sonho, isto é, o trabalho de condensação, deslocamento, figuração, simbolismo, elaboração secundária, dentre outros, refletindo sobre sua relação com os desenhos infantis.

2.2 Os Processos Psíquicos Envolvidos no Sonho

> *Os sonhos são GUARDIÕES do sono,*
> *e não perturbadores dele.*
> *(Freud)*

Freud se refere ao sonho como "um quebra-cabeça pictográfico" complexo, repleto de encaixes minuciosos[285], os quais me propus a delimitar no capítulo anterior. Ali descrevo que o sonho possui o pensamento manifesto (consciente, o que é dito sobre o sonho) e o conteúdo latente (inconsciente, o que procuramos desvendar), além do trabalho do sonho nas crianças. Acrescentei agora uma outra operação, o trabalho de condensação ou *Verdichtung*. Por esse termo, o autor irá denominar como a fusão de diversas ideias do conteúdo inconsciente, em especial no sonho, para desembocar numa única imagem. Assim, por intermédio de um deslizamento associativo, esse processo é responsável pela diferença entre o pensamento onírico manifesto e o conteúdo latente[286].

Seguindo adiante na análise, Freud dirá que a formação do sonho, indiscutivelmente, assenta-se no processo de condensação, salientando ainda que esse mecanismo não está presente somente nos sonhos, mas

---

[285] FREUD, S. [1900]. *In: Obras Completas*: A Interpretação dos Sonhos Parte 1. Rio de Janeiro: Imago, 1996. v. IV. p. 304.

[286] ROUDINESCO, E.; PLON, M. *Dicionário de Psicanálise*. Rio de Janeiro: Zahar, 1998.

também no chiste, no lapso e nos esquecimentos das palavras[287]. Com o intento de definir o trabalho de condensação, Freud irá retomar o seu sonho sobre a monografia de botânica para explorar tanto o sonho quanto o trabalho de condensação, dizendo que esse último é responsável pela sensação de estranheza que muitas vezes o sonho sugere, por aglomerar e condensar pensamentos dispersos. Para o autor:

> O sonho é, antes, construído por toda a massa de pensamentos do sonho, submetida a uma espécie de processo manipulativo em que os elementos que têm suportes mais numerosos e mais fortes adquirem o direito de acesso ao conteúdo do sonho.[288]

Para Garcia-Roza, o mecanismo da condensação é uma abreviatura no pensamento manifesto do conteúdo latente, ou seja, uma abreviatura do conteúdo que está presente nesses pensamentos[289]. Assim, o autor entende que a condensação se cumpre a partir de três formas: a primeira, como o sepultamento de alguns elementos do pensamento inconsciente; a segunda, o assentimento quanto a aparição de um fragmento inconsciente no conteúdo manifesto; e a terceira, como a combinação indistinta de elementos inconscientes que possuam semelhança a pelo menos um elemento do sonho manifesto.

Além da condensação, Freud acrescentará mais um processo ao trabalho do sonho, a saber, o deslocamento *Verschiebung*. Ele dirá que, a essa altura do desenvolvimento, é perceptível que, no trabalho do sonho, haja uma força psíquica que, por um lado, retira a força de alguns elementos psíquicos e, por outro, inventa, a partir de elementos de menor valor psíquico, novos valores que adentram o conteúdo do sonho. A esse deslocamento de intensidade psíquica que ocorre no processo de concepção do sonho, Freud chamará de deslocamento do sonho, e com o resultado desse processo se verificará [...] a diferença entre o conteúdo do sono e o pensamento do sonho[290]. Essa retirada de força de elementos psíquicos mencionada acima é chamada de *sobredeterminação* e, através dela, uma formação do inconsciente como sonho, ato falho ou sintoma, tem grande número de fatores determinantes[291].

---

[287] FREUD, S. [1900]. *In: Obras Completas*: A Interpretação dos Sonhos Parte 1. Rio de Janeiro: Imago, 1996. v. IV.

[288] FREUD, S. [1900]. *In: Obras Completas*: A Interpretação dos Sonhos Parte 1. Rio de Janeiro: Imago, 1996. v. IV. p. 310.

[289] GARCIA-ROZA, L. A. *Introdução à Metapsicologia Freudiana*. 2. ed. Rio de Janeiro: Zahar, 1993.

[290] FREUD, S. [1900]. *In: Obras Completas*: A Interpretação dos Sonhos Parte 1. Rio de Janeiro: Imago, 1996. v. IV. p. 333.

[291] GARCIA-ROZA, L. A. *Introdução à Metapsicologia Freudiana*. 2. ed. Rio de Janeiro: Zahar, 1993.

Dessa forma, o deslocamento é entendido como um processo psíquico inconsciente que [...] por meio de um deslizamento associativo transforma elementos primordiais de um conteúdo latente em detalhes secundários de um pensamento manifesto[292]. Outra característica apontada por Freud quanto à questão do deslocamento é que ele está ligado à censura, portanto, à distorção do sonho. O deslocamento irá operar no sonho por duas maneiras: [...] pela substituição de um elemento latente por um outro mais remoto que funcione em relação ao primeiro como uma simples alusão; e a segunda maneira, mudando o acento de um elemento importante para outros sem importância[293].

Para seguirmos, parece-me indispensável introduzir o que serviu de ancoragem para Lacan a partir do trabalho de Freud dos processos de condensação e deslocamento contemplados no sonho. Jacques Lacan tem um trabalho de releitura da obra freudiana, conhecida no meio analítico como o *retorno a Freud*, no decorrer de toda a sua obra.

Desde o estudo sobre as afasias, no *Projeto para uma Psicologia Científica*, e no texto sobre o inconsciente, ao longo de sua obra, Freud vai desenvolvendo toda a noção de representação na sua metapsicologia, ou seja, a representação coisa/representação objeto, que tem relação com o visual, e com a representação palavra, que tem relação com a acústica. Enfim, toda a economia psíquica está calcada nesse conceito de representação[294].

Lacan, em *A instância da Letra no Inconsciente ou a Razão desde Freud*, assinalando a estruturação do inconsciente como uma linguagem, partirá das proposições de Ferdinand de Saussure, no *Curso de Linguística Geral*, para desenvolver a teoria do significante[295]. Saussure utiliza o estruturalismo para compreender a linguagem. Partindo da ideia de que existe uma divisão entre fala e língua, ele tomará a imagem como um sistema de signos, no qual cada um tem o seu valor dependente de todos os outros, a ponto de um signo sofrer modificação no sistema mediante a alteração de outro. Melhor dizendo, o signo opera relações com outros signos, ao passo que une significante, a imagem acústica da palavra, ao significado, o conceito. O autor formulará que o signo linguístico se desdobra em significado, ou conceito, e significante, ou imagem acústica[296]. O signo será

---

[292] ROUDINESCO, E.; PLON, M. *Dicionário de Psicanálise*. Rio de Janeiro: Zahar, 1998. p. 148.

[293] GARCIA-ROSA, L. 1993, p. 94-95.

[294] FREUD, S. [1915]. *In: Obras Completas*: O Inconsciente. Rio de Janeiro: Imago, 1996d. v. XIV.

[295] LACAN, J. [1957]. *Escritos*: A Instância da Letra no Inconsciente ou a razão desde Freud. Rio de Janeiro: Zahar, 1998.

[296] SAUSSURE, F. *Curso de Linguística Geral*. São Paulo: Cultrix, 2006.

a relação entre significado e significante, assim, o que a palavra indica é o que ela representa e, nesse sentido, o significado tem prevalência sobre o significante. Vamos acompanhar a ilustração:

Figura 31 – Signo Linguístico

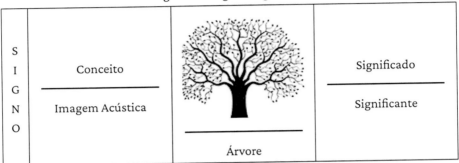

Fonte: relação entre conceito e significado com imagem acústica e significante

Saussure acrescentará ainda que existem duas articulações nas relações de um signo com outro, a saber: as produções de significância ou valor, que não são dotadas de sentido, e as relações que promovem a significação, ou seja, a junção de vários signos que produz a significação de textos, frases, parágrafos etc.[297].

Partindo dessas noções linguísticas e estruturalistas, Lacan, em *A instância da Letra no Inconsciente*, irá inverter a fórmula de Saussure, tomando desse autor o algoritmo S/s, ou seja, *Significante/Significado*, e substituindo o traço de união que faz da palavra uma única unidade assimétrica (significante-significado) por uma barra que separa inexoravelmente um do outro. Lacan fará dessa barra uma barreira resistente à significação, suspendendo o significado, que deixa de ser único, como era em Saussure, passando a ser múltiplo e, com isso, dependente da barra[298]. Lacan inverte Saussure: logo o sujeito seria representado pelo significante, pelo registro a partir da letra, no inconsciente, na linguagem. Portanto, se em Saussure tínhamos o significado sobre o significante, em Lacan temos a primazia do significante sobre o significado, assim:

---

[297] *Ibid.*

[298] LACAN, J. [1957]. *Escritos*: A Instância da Letra no Inconsciente ou a razão desde Freud. Rio de Janeiro: Zahar, 1998.

Figura 32 – Árvore

Fonte: primazia do significante sobre o significado

Lacan utiliza as mesmas letras e as condensa, este é o movimento da metáfora, no qual há uma troca de posição, e esse movimento de inversão aponta para o barramento que coloca o inconsciente entre S e s, propiciando o deslizamento da cadeia significante via múltiplos significados. Sendo assim, o sujeito do significante advém desse movimento.

O autor referido, em seu seminário *As Psicoses*, nos dirá:

> O inconsciente é, no fundo dele, estruturado, tramado, encadeado, tecido de linguagem. E não somente o significante desempenha ali um papel tão grande quanto o significado, mas ele desempenha ali o papel fundamental. O que com efeito caracteriza a linguagem é o sistema de significante como tal. [...] O significado não são as coisas em estado bruto, aí já dadas numa ordem aberta a significação. A significação é o discurso humano na medida em que ele remete sempre a uma outra significação.[299]

Com esses pressupostos, Lacan progride na ideia de que "o inconsciente é estruturado como uma linguagem"[300] e, dentro dela, é a dimensão do significante que irá representar o desejo inconsciente no seu movimento metonímico. Já as formações inconscientes, provocadas como condensação, formação defensiva e realização de desejo, terão uma estrutura

---
[299] LACAN, J. [1955-1956]. Seminário livro 3. *As Psicoses, Do Não-senso, e da estrutura de Deus*. Rio de Janeiro: Zahar, 2002. p. 139.
[300] Id. [1964]. Seminário livro 11. *Os quatro conceitos fundamentais da psicanálise – O inconsciente Freudiano e o nosso*. Rio de Janeiro: Zahar, 2008c. p. 27.

metafórica. Seguindo um pouco mais no texto *A instância da Letra no Inconsciente*, Lacan irá equivaler os mecanismos do sonho, condensação e deslocamento, aos de metáfora e metonímia, relativos ao discurso, ao uso linguístico, ao inconsciente[301]. Teremos, portanto, na metonímia e na metáfora, dois modos do significante se articular com outro significante.

A metonímia, entendida por deslocamento por Freud, é, para Lacan, a articulação por deslizamento de um significante a outro, exemplificada pelo conhecido exemplo: "trinta velas", e não "trinta barcos", se aproximam. Assim, partindo da definição da metonímia, na qual a parte fala pelo todo, é possível que, ao utilizarmos o termo "vela", a parte "vela" seja tomada no lugar de "barco".

Lacan, no seminário *Formações do Inconsciente,* dará um exemplo da autonomia do significante na condução ou no suporte para o desejo, a partir de um exemplo de formação do inconsciente ocorrido com Freud e relatado por ele no trabalho sobre O *Esquecimento dos Nomes Próprios*, de 1901. Freud contava que, ao visitar uma cidade da Itália chamada Orvieto, prestigiou os afrescos da catedral realizados pelo pintor Signorelli. Ao se reportar a um companheiro de viagem, sugeriu que ele não deixasse de visitar tais afrescos, mas esqueceu o nome do pintor. Mediante a associação livre, Freud fará um longo caminho para recuperar essa lembrança[302]. O que Lacan sugerirá, diante disso, é que o trabalho de recuperação será o da articulação significante que, por alguma razão, foi interrompida. Para tanto, aponta o trabalho do recalcamento enquanto um desligamento, uma perda da ligação entre os significantes. Diante disso, dirá:

> Não houve, portanto, um esquecimento puro e simples, um esquecimento maciço do objeto. Houve, ao contrário, uma relação entre a revivescência intensa de alguns de seus elementos imaginários e a perda de outros elementos, que são elementos significantes no nível simbólico. Encontramos nisso o sinal do que estava acontecendo no nível do objeto metonímico.[303]

O autor seguirá desenvolvendo a questão e, ao exibir os elementos associativos de Freud, dirá que a noção de metáfora estará no mecanismo de substituição, que coloca um significante no lugar de outro, promovendo

---

[301]   *Id.* [1957]. *Escritos*: A Instância da Letra no Inconsciente ou a razão desde Freud. Rio de Janeiro: Zahar.

[302]   FREUD, S. [1901]. *In: Obras Completas*: O Esquecimento dos nomes próprios. Rio de Janeiro: Imago, 1996. v. VI.

[303]   LACAN, J. [1957-1958]. Seminário livro 5. *As formações do Inconsciente, III O Miglionário*. Rio de Janeiro: Zahar, 1999b. p. 62.

um novo sentido, para ele [...] a criação desse sentido é a finalidade do funcionamento da metáfora[304]. Para ilustrar esse funcionamento, ainda neste texto, o autor compartilhará o conhecido verso de Victor Hugo - "Seu feixe não era avaro nem odiento..."[305] - para exemplificar que a metáfora "brota entre dois significantes dos quais um substituiu o outro, assumindo seu lugar na cadeia de significante, enquanto o significante oculto permanece presente em sua conexão (metonímica) com o resto da cadeia"[306].

Para que o deslizamento do significante na sua relação com o significado não ocorra de maneira infindável, Lacan proporá o conceito de ponto de basta como algo que "detém o deslizamento da significação, de outro modo indefinido"[307]. A partir do ponto de basta, é possível encontrar

> [...] a função diacrônica na frase, na medida em que ela só fecha sua significação com o último termo, sendo cada termo antecipado na construção dos outros e, inversamente, selando-lhes o sentido por seu efeito retroativo[308].

O ponto de basta, desse modo, é o que articulará significante e significado na cadeia discursiva.

Será por meio da articulação *significante a significante* que o inconsciente se manifestará mediante a associação livre. Pode-se pensar que, a partir dela, ter-se-á relação com a multiplicidade de significados e de sentidos, quando os significantes se dispõem encadeados entre si infinitamente. Essa associação de ideias

> [...] é marcada por pensamentos recalcados que dão a ordenação da cadeia associativa; são os significantes recalcados veiculadores de cenas onde se manifesta o desejo: significantes-mestres que orientam a cadeia significante do sujeito[309].

A partir do relato do sonho, os significantes vão armando articulações, fazendo surgir significantes recalcados, repletos de desejos[310].

---

[304] *Ibid.*, p. 63.

[305] *Id.* [1957]. *Escritos*: A Instância da Letra no Inconsciente ou a razão desde Freud. Rio de Janeiro: Zahar, 1998. p. 510.

[306] LACAN, J. [1957]. *Escritos*: A Instância da Letra no Inconsciente ou a razão desde Freud. Rio de Janeiro: Zahar, 1998.

[307] *Id.* [1960]. *Escritos*: Subversão do sujeito e dialética do desejo no inconsciente freudiano. Rio de Janeiro: Zahar, 1998. p. 820.

[308] *Id.* [1960]. *Escritos*: Subversão do sujeito e dialética do desejo no inconsciente freudiano. Rio de Janeiro: Zahar, 1998. p. 820.

[309] QUINET, A. *A descoberta do inconsciente*. Rio de Janeiro: Zahar, 2000. p. 35.

[310] *Ibid.*

Outro aspecto importante que toca à constituição do sonho é a questão do simbolismo. Freud, no trabalho sobre *Consideração à Representabilidade*, retomará que os sonhos são representantes das relações entre os pensamentos oníricos e que, para a formação do sonho, o material desse pensamento onírico sofrerá modificações. Por exemplo, o deslocamento culminará na substituição de uma expressão insossa e abstrata por uma pictórica e palpável. Para tanto ressaltará:

> Uma coisa pictórica é, do ponto de vista do sonho, uma coisa passível de ser representada: pode ser introduzida numa situação em que as expressões abstratas oferecem à representação nos sonhos o mesmo tipo de dificuldades que um editorial político num jornal ofereceria a um ilustrador. [...] Um pensamento onírico não é utilizável enquanto expresso em forma abstrata, mas, uma vez que tenha sido transformado em linguagem pictórica, os contrastes e identificações do tipo que o trabalho do sonho requer, e que ele cria quando já não estão presentes, podem ser estabelecidos com mais facilidade do que antes entre a nova forma de expressão e o restante do material subjacente ao sonho.[311]

Sobre o simbolismo, Freud elencará primeiramente uma lista de símbolos que representariam o material sexual nos sonhos, como, por exemplo, malas e cofres para fazer referência aos órgãos sexuais femininos, e objetos pontiagudos ou dentro de caixas para representar os órgãos masculinos. Todos esses objetos foram transformados em símbolos, para assim, aparecerem no sonho, escapando à censura e ao recalcamento[312]. Num segundo momento, o autor lembrará que a representação por símbolo está entre os métodos indiretos, pois se tem outras formas de representação. Mas, o autor irá dizer:

> [...] esse simbolismo não é peculiar aos sonhos, mas característico da representação inconsciente, em particular no povo, [...] no folclore e nos mitos populares, nas lendas, [...] nos chistes correntes em grau mais completo do que nos sonhos[313].

Os sonhos, por conseguinte, se ampararão no simbolismo para disfarçar a representação dos pensamentos latentes e inconscientes.

---

[311] FREUD, S. [1901]. *In: Obras Completas*: A Interpretação dos Sonhos Parte II. Rio de Janeiro: Imago, 1996. v. V. p. 371-372.

[312] *Ibid.*

[313] *Id.* [1900]. *In: Obras Completas*: A Interpretação dos Sonhos Parte I. Rio de Janeiro: Imago, 1996. v. IV. p. 383.

Freud mencionará dois tipos de interpretação para os sonhos: uma baseada na transformação dos pensamentos abstratos em imagens, como dito acima, e a outra, por meio do simbolismo, isto é, a transformação dos pensamentos oníricos em símbolos[314]. No caso da interpretação por disfarce verbal, as chaves são conhecidas e instituídas pelo uso linguístico convencional, já na interpretação simbólica, a chave é escolhida pelo intérprete. Ele adiciona ainda a preferência sobre as representações em imagens visuais, pois, para ele,

> [...] o trabalho do sonho não se furta ao esforço de remodelar pensamentos inadaptáveis numa nova forma verbal [...] contanto que esse processo facilite a representação e, desse modo, alivie a pressão psicológica causada pela constrição da ação de pensar"[315].

Também faz parte do trabalho do sonho a dramatização, ou figurabilidade, que corresponde à seleção de pensamentos revelados por meio das imagens, ou melhor, é a maneira pela qual o trabalho do sonho realiza o desejo por meio das imagens que constituem cenas[316]. Garcia-Roza colaborará dizendo que "o sonho é uma escrita, uma escrita psíquica que não é feita de palavras, mas de imagens, o que implica a possibilidade de os pensamentos latentes serem expressos sob a forma de uma encenação"[317].

Freud, no texto *Interpretação dos Sonhos,* capítulo II, ao fazer distinção dos métodos de interpretação, desvincula os diversos elementos que aparecem nos sonhos da rígida interpretação pela via do simbolismo, conforme era usual na época, em que cada elemento surgido nos sonhos teria uma única e cabível interpretação. Entretanto, esse mesmo eixo é tomado por Freud para desvincular os elementos presentes na formação de sonhos para um único significado[318]. Daí a máxima freudiana na qual dizia que, às vezes, um cachimbo era apenas um cachimbo.

Na conferência XV, Freud mostrará o modo de interpretar sonhos utilizado por Artemidoro de Daldis, por meio do famoso sonho de Alexandre Magno: "quando o rei estava sitiando a obstinadamente defendida

---

[314] *Ibid.*

[315] *Ibid.,* p. 375-376.

[316] *Ibid.*

[317] GARCIA-ROZA, L. A. *Introdução à Metapsicologia Freudiana.* Rio de Janeiro: Zahar, 1993. v. 2. p. 100.

[318] FREUD, S. [1901]. *In: Obras Completas:* A Interpretação dos Sonhos Parte II. Rio de Janeiro: Imago, 1996. v. V.

cidade de Tiro (322 a.C.), sonhou que via um sátiro dançando"[319]. Assim, será interpretada a palavra Sátyros: "[sa Turos] (tua é Tiro)"[320], levando à interpretação de que ele iria triunfar sobre a cidade. "Tiro é sua!" Freud utiliza a multiplicidade coletiva dos símbolos presentes nos sonhos para o inconsciente individual, precisamente nessa disjunção entre símbolos comunitários e o caráter singular que reserva o inconsciente.

Ainda temos um último fator envolvido na formação do conteúdo dos sonhos: a elaboração secundária. Freud a entende como:

> [...] a atividade que consegue ter livre vazão na criação de sonhos diurnos sem ser inibida por quaisquer outras influências. [...], procura configurar o material que lhe é oferecido em algo semelhante a um sonho diurno[321].

A elaboração secundária, ou a tomada em consideração da inteligibilidade, tem justamente a função de modificar, por parte do sonhador, a história para que esta tenha coerência, perdendo, assim, a característica de incoerência. Dessa forma, a história torna-se mais próxima do pensamento diurno[322].

É bom lembrar que o sentido adquirido pelo sonho, em função do processo de elaboração secundária, está longe de ser o verdadeiro significado do sonho: ela pode ser considerada uma espécie de

> [...] interpretação anterior à interpretação que empreendemos após o despertar, e que, enquanto parte do trabalho do sonho, tem um efeito de distorção dos pensamentos latentes, tanto quanto o operado pelos demais mecanismos do trabalho do sonho[323].

Assim como nas outras formações que vimos do conteúdo do sonho, a elaboração secundária terá um papel muito importante em nossa pesquisa, pois ela surge para o sujeito quando este está se aproximando do estado de vigília, o que nos aproxima das formações também envolvidas no desenho infantil.

---

[319] *Id.* ([1915-1917]1916-1917). *In: Obras Completas*: Conferências Introdutórias sobre Psicanálise, parte I e II. Rio de Janeiro: Imago, 1996. v. XV. p. 236.

[320] *Ibid.*

[321] *Id.* [1900]. *In: Obras Completas*: A Interpretação dos Sonhos Parte 1. Rio de Janeiro: Imago, 1996. v. IV. p. 525.

[322] GARCIA-ROZA, 1993.

[323] GARCIA-ROZA, L. A. *Introdução à Metapsicologia Freudiana*. 2. ed. Rio de Janeiro: Zahar, 1993. p. 107.

É por isso também que Freud nos diz que o primeiro a interpretar o sonho é o próprio sonhador[324] e, voltando à investigação, posso dizer que o primeiro a interpretar seu desenho é o próprio desenhista. No texto *Escritos: A subversão do sujeito*, Lacan indicará que os deciframentos dos sonhos em Freud supõem a existência da lógica do inconsciente, e é isso que oportuniza a subjetivação por meio da psicanálise[325]. Nesse sentido, podemos transpor o sonhar ao desenhar: no desenho também está presente a lógica do inconsciente.

2.3 Psicanálise, uma Metodologia de-ciframento

Parto da dimensão do traço, da letra, da cifra. Apreender a marca que se repete é o objetivo quando trabalhamos com a psicanálise. A marca que se repete é a cifra. Lacan dirá que: "A cifra funda a ordem do signo"[326], a cifra é a letra, e a letra é o significante. Podemos dizer que a cifra funda, aqui, o instante do desenho. Consideramos diante dessa passagem de Lacan, o deciframento a partir da marca, da cifra, do rupestre enquanto o estrutural, ou seja, enquanto aquilo que está na estrutura do sujeito.

Proponho, neste capítulo, lançar a afirmação de que a metodologia psicanalítica, muitas vezes, mescla-se com a pesquisa propriamente dita. Conforme Nogueira, a psicanálise, além de ter o estatuto de uma metodologia de pesquisa, que permite acompanhar a investigação caso a caso – como fez Freud e, do mesmo modo, Lacan, relendo os casos freudianos – pôde seguir adiante nos conceitos, articulando-os ao referencial psicanalítico e também reservando um caráter de originalidade[327]. Isso se confirma pela elaboração minuciosa que Freud constrói em cinco casos clínicos, os quais inauguram um método de investigação e tratamento, ao mesmo tempo que remontam a transmissão da pesquisa e daquilo que constitui a psicanálise. Lacan faz uma releitura da obra freudiana, segue adiante em alguns conceitos e os formaliza matematicamente, com grafos e matemas.

---

[324] FREUD, S. [1900]. *In: Obras Completas*: A Interpretação dos Sonhos Parte 1. Rio de Janeiro: Imago, 1996. v. IV.

[325] LACAN, J. [1960]. *Escritos*: Subversão do sujeito e dialética do desejo no inconsciente freudiano. Rio de Janeiro: Zahar.

[326] LACAN, J. [1973]. *Outros Escritos*: Introdução à edição alemã de um primeiro volume dos Escritos. Rio de Janeiro: Zahar, 2003. p. 554.

[327] NOGUEIRA, L. C. [1997]. *A psicanálise*: Uma experiência original; o tempo de Lacan e a nova ciência. 1998. Tese (Doutorado em Psicologia Clínica de Livre-Docência) – Instituto de Psicologia, Universidade de São Paulo: São Paulo, 1998.

Remontamos aqui à abertura de um texto fundamental de Freud, *Os instintos e seus destinos*, no qual o autor está interessado em descrever a investigação científica e, para tanto, dirá: "Não é raro ouvirmos a exigência de que uma ciência deve ser edificada sobre conceitos fundamentais claros e bem definidos"[328]. Com esses termos, o autor enfatiza que o início da ciência não deve estar calcado em conceitos exatos. Ele segue seu raciocínio: "O verdadeiro início da atividade científica está na descrição de fenômenos, que depois são agrupados, ordenados e relacionados entre si"[329]. Portanto, o agrupamento, o ordenamento e a articulação de elementos formam a base de qualquer pesquisa científica.

Freud não poupou esforços em tentar conceitualizar e formalizar sua teoria por meio da investigação. Com o intuito de defender a existência de processos psíquicos inconscientes, elaborou uma teoria do aparelho psíquico, por meio da qual construiu a ideia de uma primeira tópica (consciente, pré-consciente e inconsciente) e, depois, de uma segunda tópica, o que representou um avanço em relação à anterior (Id, Ego e Superego). O início dessa formalização se deu nos primórdios da psicanálise, antes mesmo do *Projeto para uma Psicologia Científica*. Essa concepção surgiu durante o desenvolvimento da *Interpretação dos Sonhos*, em especial no capítulo VII, com o funcionamento do aparelho psíquico, e nos artigos sobre *Psicopatologia da Vida Cotidiana*, formalizando-se com as definições e a sustentação teórica nos artigos sobre *Metapsicologia*.

O autor fez descrições do aparelho psíquico em termos tópicos em meados de 1900, com o intuito de precisar uma localização, esclarecendo as diferentes instâncias: inconsciente, pré-consciente e consciente. Depois, aprofundou a teoria em termos dinâmicos, a fim de explicar uma gama de conflitos, e em termos econômicos, para descrever a quantidade e intensidade da energia psíquica. No seu trabalho sobre a *Interpretação dos Sonhos*, Freud abre os escritos da seguinte maneira:

> Nas páginas que seguem, apresentarei provas de que existe uma técnica psicológica que torna possível interpretar os sonhos, e que, quando esse procedimento é empregado, todo o sonho se revela como uma estrutura psíquica que tem um sentido e pode ser inserida num ponto designável nas atividades mentais da vida de vigília.[330]

---

[328] FREUD, S. [1915]. *In: Obras completas*: Instintos e seus Destinos. São Paulo: Companhia das Letras, 2010. v. 12. p. 52.

[329] *Ibid.*, p. 52.

[330] *Id.* [1900]. *In: Obras Completas*: A Interpretação dos Sonhos Parte 1. Rio de Janeiro: Imago, 1996. v. IV. p. 39.

A psicanálise nasce com o trabalho de *A Interpretação dos Sonhos*, pois nele Freud dá provas da existência do inconsciente e dedica-se a esmiuçá-lo. No capítulo *A Relação dos Sonhos com a Vida em Vigília*, Freud cita inúmeros exemplos de pensadores da época, com opiniões diversas acerca dessa relação. Ainda no início de sua investigação, ele afirma que "a experiência onírica parece algo estranho, inserido entre duas partes da vida perfeitamente contínuas e compatíveis entre si"[331], a saber, o sono e a vigília.

Mais adiante, nas *Conferências Introdutórias*, Freud apontará que "os sonhos parecem ser um estado intermediário entre o sono e a vigília"[332], e que, nos sonhos, trata-se de uma questão de imagens e a dificuldade que irá aparecer é justamente a de traduzir imagens em palavras: "Eu poderia desenhá-lo, diz-nos muitas vezes uma pessoa que sonhou"[333]. Ao longo do capítulo, vai construindo hipóteses, e fala dos tipos oníricos: dos sonhos "claros como a experiência vigil, dos sonhos obscuros, vagos e borrados"[334]. Ele inicia uma série de exemplos de sonhos em que um estímulo externo influencia o despertar, como o som de um barulho, sino, ou despertador, que é trazido para o sonho. Não são reconhecidos como tais, mas há um processo de substituição do som, interpretando o estímulo, que acaba surgindo no sonho. Por exemplo, uma ambulância com uma sirene invade o sonho, pondo fim a esse, que na realidade estava sob a influência do som da sirene ou do despertador.

Seguirá sua investigação afirmando que, além dos estímulos externos os estímulos somáticos internos também exercerão influência; assim, os sonhos não só reproduzem o estímulo: "eles o vertem, fazem alusões a ele, o incluem em algum contexto, os substituem por alguma outra coisa"[335]. Freud chegará, assim, à conclusão de que existe, nos sonhos, uma conexão com a vida em vigília.

Proponho relacionar o exposto anteriormente com a compreensão do desenho, a partir de uma metodologia de leitura que se aproxima da utilizada por Freud na interpretação dos sonhos. No ato de desenhar, a criança, por meio da figurabilidade, compõe uma história acompanhada por símbolos e traços que transitam em busca de uma representação,

---

[331] FREUD, S. [1900]. *In: Obras Completas*: A Interpretação dos Sonhos Parte 1. Rio de Janeiro: Imago, 1996. v. IV. p. 48.

[332] *Id.* ([1915-1917]1916-1917). *In: Obras Completas:* Conferências Introdutórias sobre Psicanálise, parte I e II. Rio de Janeiro: Imago, 1996. v. XV. p. 94.

[333] *Ibid.*, p. 95.

[334] *Ibid.*, p. 96.

[335] *Ibid.*, p. 101.

sendo suscetíveis a deslocamentos e condensação na cadeia simbólica do sujeito, por serem concernentes àquilo que lhe falta e que é a causa de seu desejo. O desenho feito em vigília, nesse sentido, se aproxima de processos psíquicos em funcionamento, tanto do ato de sonhar infantil, no que diz respeito à realização de um desejo negado do dia anterior, quanto no sonhar adulto, pois, próximo ao despertar é influenciado por estímulos internos e externos trazidos para o sonho. Assim como o sonho, o desenho onírico, o desenho em vigília também entra na constituição da fantasia, do fantasma, do sintoma, e do conflito. Guy Rosolato faz uma descrição poética acerca do sonho, nos dizendo que ele é "[...] oriundo das águas do sono, seu meio, ele toma forma pela imagem no relato captado pela linguagem"[336]. O ato de desenhar, portanto, é uma maneira de dar forma ao conflito e nomear por meio da imagem e da linguagem, o que muitas vezes escapa à capacidade de representação, principalmente na infância.

Interpretar um desenho infantil, conforme afirma Arfouilloux, é propor um sentido que estaria oculto ao entendimento da criança e dos adultos responsáveis por ela, fazendo-se necessário transmiti-lo no registro da linguagem verbal[337]. Vemos, então, que encontraremos no desenho, além do conteúdo consciente manifesto, o inconsciente latente. Para Arfouilloux, é possível aproximar a interpretação dos sonhos à do desenho, na medida em que no sonho existe a narração do sonhador, assim como no desenho existe a narração do desenhista[338]. Dolto, em seu livro *Psicanálise e Pediatria*, complementará o tema da interpretação com o seguinte trecho:

> Os símbolos não servem como chaves de enigmas para os psicanalistas, como alguns gostariam de acreditar. O aparecimento de um símbolo não é suficiente em si mesmo para permitir uma conclusão de que se trata, inconscientemente, disto ou daquilo. É necessário o contexto, as descrições verbais com que a criança o rodeia, o papel que esse símbolo desempenha no jogo, no desenho, no sonho, na história narrada.[339]

---

[336] ROSOLATO, G. *A força do desejo*: O âmago da psicanálise. Rio de Janeiro: Zahar, 1999. p. 19.

[337] ARFOUILLOUX, J. C. *A entrevista com a criança*. Rio de Janeiro: Zahar, 1980.

[338] *Ibid*.

[339] DOLTO, F. *Psicanálise e Pediatria*. Rio de Janeiro: Zahar, 1980. p. 132.

Para uma interpretação, necessitamos de um contexto; não bastam os sonhos ou os desenhos isoladamente. Assim, para a criança, devolvemos seus próprios pensamentos inconscientes em uma "linguagem simbólica e afetiva, que é a dela e a afeta diretamente"[340].

Para a psicanalista Marisa Rodulfo, o trabalho desenvolvido por Freud em *A Interpretação dos Sonhos* marca o nascimento oficial da psicanálise, por reservar um lugar central à conceitualização "revolucionária" da imagem onírica, apoiando-se na noção fundamental de uma escritura: o trabalho da prática psicanalítica seria o de "desarmar textos", um método curioso de deciframento que "comporá uma articulação singular de escrituras onde o visual e o verbal podem alternadamente enlaçar-se, substituir-se, ressignificar-se"[341]. A autora propõe que a admissão de uma concepção de imagem em termos de escritura está enlaçada com as origens da psicanálise. Ela dirá que, para estabelecer uma nova concepção do imaginário onírico, não será viável pensarmos unicamente na imagem como letra que remeta ao código já conhecido por nós: "a escritura será, pelo contrário, escritura do desejo inconsciente e por isso, a escritura inconsciente é o fundamental"[342].

Para a autora, o desenho e sonho tem um elemento comum que os liga: a consideração pela figuralidade, o figural enquanto região autônoma de escritura, com suas profundidades e características irredutíveis. Para Rodulfo, o figural consiste no trabalho do traço e nas condições postas em visibilidade. Ela dirá que é possível considerar uma análise semelhante do grafismo e do sonho, mas que é importante levar em conta que "não veremos ali uma coisa, signo equivalente de outra no real, teremos que pensar, isto sim, em um enigma figural"[343], sendo assim possível utilizar as pautas da interpretação dos sonhos para interpretar os desenhos. A autora, porém, faz uma ressalva:

> Não devemos simplificar, por apelação a uma simbólica pré-instituída, a densidade e a sobredeterminação dos processos psíquicos inconscientes investigados. Nossa referência não se refere ao depósito sedimentado de uma simbólica aplicável imediatamente. Nossa referência é ao

---

[340] DOLTO, F. *Psicanálise e Pediatria*. Rio de Janeiro: Zahar, 1980. p. 134.

[341] RODULFO, M. *El Niño del Dibujo*: Estudio Psicoanalítico del Grafismo y sus Funciones en la Construcción Temprana Del Cuerpo. Buenos Aires: Paidós, 2006. p. 24, tradução nossa.

[342] *Ibid.*, p. 24, tradução nossa.

[343] *Ibid.*, p. 25, tradução nossa.

> trabalho do inconsciente, a um trabalho de escritura do desejo em composição com a censura da resistência que esse desejo desperta, e cuja mútua transação guia a mão daquele que desenha.[344]

Já mencionei neste trabalho a importância de que a imagem visual seja concebida como uma pictografia, e aqui encontramos outro ponto de encontro que nos faz aludir ao sonho e ao desenho. Freud nos ensina a ler a pictografia substituindo cada signo por pensamentos do sonho, pois cada elemento levará a uma ideia distinta[345]. Rodulfo acrescenta que a psicanálise também trabalha com as palavras em fragmentos, com o intuito de romper o significado estabelecido, reagrupando-os e operando com a escritura por meio de imagens. A autora, utilizando-se dos conceitos lacanianos, sugere que, em um atendimento infantil no qual estejam presentes desenhos, não devemos levar em conta somente as associações verbais vindas da criança, mas sim, devemos considerar o valor significante da repetição "de um determinado traço através de uma série de desenhos no material de um paciente"[346]; ela alerta que não aguardemos uma reduplicação paralela, mas sim a repetição de elementos, às vezes com seus desdobramentos na sequência gráfica[347].

Marisa Rodulfo aponta que se leve em conta algumas considerações para a leitura do figural. Lembrará que a base de toda a figuração opera seu potencial de contínua desfiguração e contínua transfiguração, cabendo ao analista o talento de detectar o que de borrão insiste em cada desenho, em suma, o que é possível revelar de acordo com as operações de decomposição da unidade do desenho como um pensamento manifesto[348]. A importância da posição da criança diante da folha de papel, como ela utiliza os espaços e se projeta na folha, são elementos importantes de observação. Além desses elementos, as questões cromáticas também merecem atenção, nas suas luminosidades, graduações e intensidades. Mas, a autora alerta para as simplificações, como por exemplo, o uso de determinada cor para determinado significado, sugerindo que, no encadeamento dos desenhos "se rastreiem sequências"[349].

---

[344] *Ibid.*, p. 26, tradução nossa.

[345] FREUD, S. [1900]. *In: Obras Completas*: A Interpretação dos Sonhos Parte 1. Rio de Janeiro: Imago, 1996. v. IV.

[346] RODULFO, M. *El Niño del Dibujo*: Estudio Psicoanalítico del Grafismo y sus Funciones en la Construcción Temprana Del Cuerpo. Buenos Aires: Paídos, 2006. p. 28, tradução nossa.

[347] *Ibid.*

[348] *Ibid., passim.*

[349] *Ibid.*, p. 71-72, tradução nossa.

Contudo, nos diz Rodulfo, "a folha de papel, em particular, estará ali onde o divã ainda não pode estar, como um espaço específico aberto ao traço e inaugurado por ele, que prolonga a mão do pequeno"[350].

Formalizo, na tabela a seguir, de maneira esquemática, a proposição de uma metodologia psicanalítica freudo-lacaniana, inspirada em Alba Flesler (2012), Freud (1900) e Lacan (1966-1967), composta por uma mescla de contribuições teóricas de diversos autores. Essa metodologia nos auxiliará na leitura clínica dos desenhos desta investigação. Cabe ainda acrescentar que esta grelha serve para os casos em que a estrutura subjetiva seja a neurose.

Tabela 1 – Início da formalização metodológica para a leitura dos desenhos

Grelha Metodológica Freudo-Lacaniana		
Tempos de Subjetivação Edípicos e Predomínio do Registro		
Tempos de Subjetivação Edípicos	**Predomínio do Registro**	**Desenho/ Traço no Tempo Edípico**
* Ser ou não o falo	I	
*1º despertar sexual/ inst. de olhar	R	
* Ser ou ter o falo	I	Desenho/Traço nos Tempos Edípicos
*Ter a falta [grifo nosso]	S	
*Latência/tempo de compreender	S	
*2º despertar/Início do drama puberal	R	
* Momento de Concluir/Precipitado fantasístico	RSI	

Paradigma do Sonho no Desenho/Traço

(Usaremos (P) ou (A) para demarcar a presença ou ausência dos mecanismos)

Cont. Latente (inc.)	Pens. Manifesto (consc.)	Desl./ Metonímia	Cond./ Metáfora	Elab. Secundária	Sobredeterminação	Figurab./ Dramatização

Fonte: Flesler (2012)[351] Freud (1996)[352]

---

[350] *Ibid.*, p. 29, tradução nossa.

[351] FLESLER, A. *A Psicanálise de Crianças e o lugar dos pais*. Rio de Janeiro: Zahar, 2012.

[352] FREUD, S. [1900]. *In: Obras Completas*: A Interpretação dos Sonhos Parte 1. Rio de Janeiro: Imago, 1996. v. IV.

Figura 33 – *Volatilis*

Fonte: Zetti Toledo (2021)

3

OS CONCEITOS DE FANTASIA E FANTASMA NA PSICANÁLISE

3.1 Fantasia em Freud

> *Dá-se na cena da fantasia*
> *o que "origina" o próprio sujeito.*
> *(Laplanche e Pontalis)*

O termo fantasia foi muito utilizado pela psicanálise desde os seus primórdios: em alemão, *phantasie* que, conforme Laplache e Pontalis, "designa a imaginação, não [...] no sentido filosófico do termo (*Einbildungskraft*)"[353], mas como o mundo imaginário e os seus conteúdos, assim como a atividade criadora que o anima (*das Phantasieren*). Segundo os mesmos autores, a fantasia, em francês – *fantasme*, "designa determinada formação imaginária e não o mundo das fantasias, a atividade imaginativa em geral"[354].

O conceito de fantasia foi ganhando força na obra freudiana na medida em que os estudos sobre a histeria foram avançando e a própria clínica como um todo. A percepção de que as histórias de sedução ou abusos enunciados pelas pacientes não eram fatos reais fez com que Freud tomasse outro caminho na construção de sua teoria, o que pode ser percebido na carta 69 escrita a Fliess:

> Confiar-lhe-ei de imediato o grande segredo que lentamente comecei a compreender nos últimos meses. Não acredito mais na minha neurótica. [...] no inconsciente, não há indicações da realidade, de modo que não se consegue distinguir entre a verdade e a ficção que é catexizada com o afeto. (Assim, permanecia aberta a possibilidade de que a fantasia sexual tivesse invariavelmente os pais como

---

[353] LAPLANCHE e J. PONTALIS. *Vocabulário da Psicanálise*. 3. ed. São Paulo: Martins Fontes, 1998. p. 169.

[354] *Ibid.*, p. 169.

tema.) [...] novamente se tornou discutível se são somente as experiências posteriores que estimulam as fantasias, que então retornam a infância.[355]

No *Projeto para uma Psicologia Científica,* Freud, no item "Fantasias", vai construindo a noção de fantasia, dizendo que as fantasias se originam de combinações inconscientes, por meio de tendências do que é experimentado e ouvido. Tais tendências tornam a lembrança inacessível, fazendo com que o sintoma emerja ou não. Conforme o autor: "Um fragmento de cena visual junta-se, depois, a um fragmento da experiência auditiva e é transformado numa fantasia, enquanto o fragmento restante é ligado a alguma outra coisa"[356].

Já em *A Interpretação dos Sonhos,* Freud atribuirá um importante papel às fantasias inconscientes no processo de elaboração onírica, pois estarão vinculadas à característica instigante dos sonhos. Os devaneios também possuem um enorme papel, sendo o meio pelo qual as fantasias são expressas. Esses devaneios, produtos do trabalho da elaboração secundária, tornam os sonhos mais inteligíveis. As fantasias, enquanto formação de compromisso, mostram o material recalcado de maneira disfarçada, para, a partir disso, aceder à consciência[357]. Portanto, a fantasia carrega também uma estrutura inconsciente, em função de conter conteúdos ameaçadores que não podem assim advir.

Em *O Escritor e a Fantasia,* Freud assevera que a criança diferencia claramente da realidade o seu universo de brincadeiras, gostando de apoiar nas coisas visíveis da realidade, os objetos e situações que se põe a imaginar, sendo esse apoio na realidade que separará o *brincar* do *fantasiar*[358]. Para esse autor, a fantasia tem características: "somente a pessoa insatisfeita fantasia, jamais aquela feliz. Desejos não satisfeitos são as forças motrizes das fantasias, e cada fantasia é uma realização de desejo, uma correção da realidade não satisfatória"[359]. Nesse precioso texto, Freud fará uma equiparação do escritor ao "sonhador diurno", bem como da criação literária ao devaneio, dizendo que o escritor é um "sonhador em

---

[355] FREUD, S. ([1895]1950). *In: Obras Completas*: Extratos dos Documentos Dirigidos a Fliess, carta 69 de 21 de setembro de 1897. Rio de Janeiro: Imago, 2006e. v. I. p. 309-310.

[356] *Ibid.*, p. 302.

[357] *Id.* [1900]. *In: Obras Completas*: A Interpretação dos Sonhos Parte 1. Rio de Janeiro: Imago, 1996. v. IV.

[358] FREUD, S. [1908]. *In: Obras Completas*: O escritor e a fantasia. São Paulo: Companhia das Letras, 2015b. v. 8.

[359] *Ibid.*, p. 330.

pleno dia". O sonhador é alguém que fantasia ou devaneia, e, por meio disso, realiza um desejo inconsciente. Freud, então, formulará essa equiparação em três tempos:

> Partindo da percepção adquirida com as fantasias, devemos esperar o seguinte estado de coisas: uma forte vivência atual desperta no escritor a lembrança de uma vivência anterior, geralmente da infância, da qual vem o desejo que se realiza na criação literária; nessa mesma podemos discernir elementos tanto da nova ocasião como da velha lembrança. [...] Não esqueçam que a ênfase, talvez estranha, na recordação da infância do escritor é consequência, afinal, da premissa de que tanto a obra literária como o devaneio são prosseguimento e substituição do que um dia foi brincadeira infantil.[360]

Essa equiparação de Freud nos remete diretamente ao desenhar infantil, em que muitas crianças, ao desfrutar das fantasias, revelam no traço o devaneio, que por vezes representa uma tentativa de elaborar um conflito, frequentemente ressignificado simbolicamente. Essa articulação dependerá da estruturação psíquica da criança.

Freud, em *Um caso de Paranoia que Contraria a Teoria Psicanalítica da Doença*, escreve sobre a universalidade das fantasias inconscientes presentes nos neuróticos e, segundo ele, possivelmente em todos os humanos[361]. O autor chama de protofantasias as fantasias originárias *(Urphantasien),* conforme Laplanche e Pontalis. São elas: a fantasia da vida intrauterina, ou o retorno ao seio materno, conforme nos diz Rosolato[362], a primeira estando vinculada ao desejo de retornar ao útero materno, e a segunda surgindo enquanto dobra protetora diante de sofrimentos, conflitos e perigos de morte; a fantasia da cena originária ou primitiva, ou seja, assistir à relação sexual dos pais ou de adultos; a fantasia da cena de sedução, na qual se trata da origem do surgimento da sexualidade; a fantasia da cena de castração, relativa à origem da diferença entre os sexos. Serão essas fantasias originárias que organizarão a vida fantasística das pessoas, independentemente de suas experiências pessoais, pois conservam questões que remetem à origem.

---

[360] *Ibid.,* p. 336.

[361] *Id.* [1915]. *In: Obras Completas*: Um caso de paranoia que contraria a teoria psicanalítica da doença. Rio de Janeiro: Imago, 1996c. v. XIV.

[362] ROSOLATO, G. *A força do desejo*: O âmago da psicanálise. Rio de Janeiro: Zahar, 1999.

Os grandes mitos sociais e culturais são sustentados por essas fantasias, como, por exemplo, a religião e o monoteísmo, que dão origem à civilização ocidental e estão vinculados a esses mitos fundadores propostos por Freud. Tais exemplos nos serão fornecidos por Rosolato:

> [...] à cena primitiva correspondem os relatos da criação (no Gênesis, no sentido mesmo de uma procriação original); à castração articula-se a circuncisão, mas sobretudo o *sacrifício*, [...] se realiza na pessoa do Filho; à sedução sucede a revelação, por um dom divino de amor, concretizado no livro sagrado; enfim o retorno ao seio materno induz à origem edênica e, pela sequência de morte e ressurreição, um fim que reencontra o paraíso perdido.[363]

Laplanche e Pontalis chamam nossa atenção para algo que nos interessa nesta investigação: Freud constrói essas fantasias originárias numa linguagem psicanalítica utilizando o termo alemão *Urszene*, traduzido como "cenas originárias", situando essas estruturas fantasísticas por meio de encenações típicas. Coube destacar o uso da cena, pois, ao trabalhar com desenhos infantis, representados no papel também enquanto cenas fantasísticas, no tempo estrutural de cada caso clínico. E, por mais que haja uma tipicidade no que toca a fantasia inicial, imaginária, e no devaneio, o essencial aqui é a tipicidade que irei destacar: a tipicidade encontrada nas fantasias primitivas, em que o sujeito "ocupa a posição de objeto". Esse é o traço típico que nos interessa pôr em relevo, é o que não cessa de se inscrever.

Para Freud, na Conferência XXIII, a universalidade das fantasias explica-se por constituírem um acervo filogenético, pois, por meio delas, a realidade retomaria o seu lugar na história de uma cultura. As fantasias trazidas pelos analisantes possivelmente tenham sido uma realidade dos tempos primitivos da humanidade[364]. Ao criá-las, a criança completa brechas pendentes de uma "verdade" particular, conforme Laplanche e Pontalis[365]. Segundo Freud, as fantasias originam-se, por conseguinte, de fatos reais e, em função do fator filogenético, as lembranças são elaboradas e vem disfarçadas pela via da fantasia. A essência da felicidade da fantasia é "tornar a obtenção de prazer, mais uma vez, livre da aprovação

---

[363] ROSOLATO, G. *A força do desejo*: O âmago da psicanálise. Rio de Janeiro: Zahar, 1999. p. 11.

[364] FREUD, S. ([1916-1917]). *In: Obras Completas*: Conferência XXIII, Os caminhos da formação dos sintomas. Rio de Janeiro: Imago, 1996. v. XVI.

[365] LAPLANCHE & J. PONTALIS. *Vocabulário da Psicanálise*. 3. ed. São Paulo: Martins Fontes, 1998.

da realidade"[366], portando assim a realidade psíquica. É por meio dela que o paciente lida com a realidade dos fatos psíquicos, em oposição à realidade material, assim, "a realidade psíquica é a realidade decisiva"[367].

No texto *Batem Numa Criança: Contribuição ao Conhecimento da Gênese das Perversões Sexuais*, Freud, enquanto pesquisador que é, nos fornece elementos para pensarmos o que seria a origem da fantasia. Surpreso com a frequência em escutar, de pessoas que buscavam análise, a fantasia de que "batem numa criança", investiga e propõe que essa fantasia acontecerá possivelmente antes da idade escolar e estará ligada a fatores libidinais, havendo um prazer intrínseco a tal fantasia, sentida como autossatisfação erótica[368]. O autor dirá que, por exemplo, ao presenciar na escola um professor bater numa criança, a fantasia é acionada novamente.

Freud formulará, no texto mencionado, que a fantasia se dá em três tempos. O primeiro é: "meu pai bate na criança", o que vem seguido de: "meu pai bate na criança que odeio", o que pode surgir, por exemplo, com o nascimento de um irmão. Nessa frase, que se desdobra em duas, o pai permanece enquanto o que bate, mas a criança que apanha, torna-se outra, como se dissesse: "Ele, (o pai) ama apenas a mim, não à outra criança, porque bate nela"[369]. No segundo tempo, a frase "sou castigada por meu pai", permanece inconsciente devido à repressão, frase que advém do sentimento de culpa, apontando para um caráter masoquista, ou seja, a fantasia de culpa transformou o sadismo em masoquismo e, para tanto, a frase seria: "Não, ele não ama você, pois bate em você"[370]. No terceiro tempo, configurado como "batem numa criança", o pai não é quem bate, em função do processo do recalque, quem bate passa a ser representado por outra pessoa, um professor, ou outra figura superior. Essa fantasia, semelhante a primeira, torna-se sádica novamente, mas sua satisfação é masoquista. Geralmente, a pessoa que fantasia não aparece na cena de surra e, quando arguida, responde que estaria possivelmente olhando!

Chama-nos a atenção que, nos três tempos, o único significante que se repete é o "bate", ou seja, o corpo sendo chocado, batido ou cortado, numa gramática primitiva que aponta para a posição de objeto. Isso defla-

---

[366] FREUD, S, ([1916-1917]), p. 374.

[367] *Ibid.,* p. 370.

[368] *Id.* [1919]. *In: Obras Completas*: Batem numa criança: Contribuição ao conhecimento da gênese das perversões sexuais. São Paulo: Companhia das Letras, 2010. v. 14.

[369] *Ibid.,* p. 307.

[370] *Ibid.,* p. 307.

gra o momento da rivalidade dual com o semelhante, por exemplo, irmão/ irmã, ela mesma ou outra criança. Prevalece aqui o eixo imaginário, com um pai imaginário que viria a castigar um rival detestado.

Ainda nesse artigo, Freud dirá que

> As fantasias de surra e outras análogas fixações perversas seriam, então, apenas precipitados do complexo de Édipo, cicatrizes após o decurso do processo, digamos, exatamente como o famigerado "senso de inferioridade" corresponde a tal cicatriz narcísica[371].

Deste modo, Freud deixa claro no texto que a dimensão edípica está implicada no percurso da fantasia. Por isso, ele a elege como cicatriz, um resíduo do complexo de Édipo. Percebemos no seu escrito que, diante da fantasia de "batem numa criança", aparecem elementos que nos levam a pensar na existência de um superego, pois o sentimento de culpa surge no fantasiar. A atividade de fantasiar teria seu início na primeira infância, iniciando nas brincadeiras infantis e sendo posteriormente conservada como devaneio, que permite abandonar a necessidade de objetos reais. Tem como característica realizar os desejos inconscientes, servindo como via de descarga de um conflito psíquico, representando prazer e desprazer, e estando presente na formação dos sintomas, como nos refere Freud[372].

Interessante dar maior destaque à maneira como Freud, no texto referenciado acima, articula a questão dos tempos com a variabilidade do olhar. Apresentando a partir da construção dos tempos da fantasia de surra, a mudança de perspectiva da criança pelo movimento do olhar, trazendo consigo a mudança de cena[373].

Em *Um Estudo Autobiográfico*, Freud relembra que "os sintomas neuróticos não estavam diretamente relacionados com fatos reais, mas com fantasias impregnadas de desejos, e que, no tocante à neurose, a realidade psíquica era de maior importância que a realidade material"[374]. O abandono da teoria da sedução o fez investigar uma fantasia que tivesse estatuto de universal, que ele chamou de Complexo de Édipo, o qual,

---

[371] FREUD, S. [1919]. *In: Obras Completas*: Batem numa criança: Contribuição ao conhecimento da gênese das perversões sexuais. São Paulo: Companhia das Letras, 2010. v. 14. p. 313.

[372] *Ibid., passim.*

[373] FLESLER, A. *A Psicanálise de Crianças e o lugar dos pais*. Rio de Janeiro: Zahar, 2012.

[374] FREUD, S. [1924]. Um estudo autobiográfico. *In: Obras completas*Rio de Janeiro: Imago, 1996x. . v. XX. p. 11-78.

segundo ele, "depois iria assumir importância tão esmagadora, mas que eu ainda não reconhecia sob seu disfarce de fantasia"[375].

As fantasias inconscientes e conscientes, ao se tornarem inconscientes, podem manifestar-se de maneira patogênica, ou seja, em sintomas e ataques[376]. A fantasia, enquanto construção psíquica, vem dar conta de uma realidade, fruto das vivências da primeira infância, que será acionada por outros acontecimentos mais adiante. Tais fantasias têm por característica, conforme nos indicou Freud, fornecer um ordenamento à vida humana a partir desta marca deixada pelo complexo de Édipo, o que norteará as escolhas da pessoa, como essa se situa no mundo e a maneira pela qual orienta o seu desejo[377].

Ao fantasiar, a criança elege um lugar de experimentação, como uma forma de teatralidade, tanto para lidar com questões atuais quanto para antecipar o que ainda está por acontecer em seu percurso de sujeito. A psicanálise infantil, como vimos, propõe a revelação do imaginário por meio de jogos, do brincar, e dos desenhos – sejam eles em papel, moldados ou pintados – privilegiando a associação livre para que, por meio dos instrumentos e da leitura analítica, seja possível identificar no desenho a construção fantasística. Para a criança, a fantasia muitas vezes se mescla à realidade, algo que vivenciamos no consultório durante o brincar dos pacientes e nos contos infantis que eles elegem. Acerca disso, Bruno Bettelheim tem um belo trabalho sobre os contos de fadas, em que aborda o endereçamento da criança à fantasia, como forma de encontrar um sentido para sua existência. Para tanto dirá que:

> [...] o conto de fadas a esclarece sobre si mesma, e favorece o desenvolvimento de sua personalidade. Oferece significados em tantos níveis diferentes, e enriquece a existência da criança. [...] O conto de fadas não poderia ter seu impacto psicológico sobre a criança se não fosse primeiro e antes de tudo uma obra de arte.[378]

Entre devaneios e fantasias, pretendeu-se com esta exposição clarear o conceito de fantasia freudiana utilizado pela psicanálise para

---

[375] *Ibid.*

[376] *Id.* [1908]. *In: Obras Completas*: Fantasias histéricas e sua Relação com a bissexualidade. São Paulo: Companhia das Letras, 2015a. v. 8.

[377] *Id.* [1919]. *In: Obras Completas*: Batem numa criança: Contribuição ao conhecimento da gênese das perversões sexuais. São Paulo: Companhia das Letras, 2010. v. 14.

[378] BETTELHEIM, B. *A psicanálise dos contos de fadas*. Rio de Janeiro: Paz e Terra, 1980. p. 20.

balizar esta pesquisa. Ela abarcará os conceitos elaborados por Freud para identificar, por meio das narrativas e dos desenhos dos casos clínicos que serão transcritos logo mais, os tempos de construção da fantasia presentes em cada caso apresentado. Posso dizer que, a partir do brincar e do desenhar em consulta, expressos pelo viés da fantasia como forma de se proteger do desejo inconsciente, encontrar-se também a representação do que falhou, da angústia e do indizível. Assim, mais do que uma tentativa da criança de encontrar um sentido, o brincar e o desenhar são agentes de uma ficção que recriam outra realidade e promovem diversos sentidos.

3.2 O Fantasma em Lacan a partir da formulação da Fantasia em Freud

O fantasma fundamental inscreve o organismo recortando-o, na lógica significante da castração.
(Marie-Hélène Brousse)

As três etapas lançadas por Freud no texto *Bate-se numa criança* permitem reencontrar a origem da fantasia. Lacan, no seminário *A relação de objeto,* quando reflete sobre o *Bate-se numa criança* e sobre a jovem homossexual, põe em evidência as fantasias nela referidas, que vieram substituir outras fantasias ligadas a questões masturbatórias.

No seminário *As formações do inconsciente,* Lacan retomará novamente o texto freudiano da fantasia de ser batida para apontar que esse escrito já trazia em si a noção de significante, enquanto instância ligada à formação dos sintomas. Pelas etapas do complexo de Édipo, Freud acompanha no texto as transformações da economia da fantasia infantil de ser batida, ligadas às satisfações libidinais do sujeito. Freud formula em alemão E*in kind **wird** geschlagen, Uma criança é batida;* na tradução inglesa, *A child is being beaten,* ou seja, *Uma criança está sendo batida*[379]. Essas são expressões que se encontram na voz passiva e que produzem muita diferença na compreensão da leitura, pois expressam um tempo que está se construindo. Unindo as duas traduções, teremos: uma criança é, sendo batida. Isso aponta para algo estruturante na fantasia do bater, o que Lacan desdobrará com muito talento.

---

[379] FREUD, S. [1919. Uma criança é espancada: Uma contribuição ao estudo da origem das perversões sexuais. *In: Obras completas.* Rio de Janeiro: Imago, 1996y. v. XVII. p. 193-218.

Lacan, em *A fantasia para além do princípio do prazer*, dirá que a fantasia apresentada por Freud expressa a dimensão simbólica, passando por sucessivos estados, durante os quais algo nela se modifica e algo continua constante. Formulará que a primeira fantasia – *meu pai bate na criança que odeio* – é anterior ao Édipo, sendo uma fantasia arcaica, pois nela o sujeito não ama a criança em que bate, sendo tal fantasia revisitada pelo paciente em análise. Já o segundo tempo, que está ligado ao Édipo – *sou castigada pelo meu pai* – torna-se inconsciente, carecendo de reconstrução no processo analítico. A menina, aqui, aspira ser objeto de desejo paterno, advindo a culpa que a coloca sob a exigência de ser surrada, sendo essa a essência do masoquismo. Já o terceiro tempo – *batem numa criança* – compõe uma espécie de série neutra após a saída edípica, é tornada impessoal e anônima: alguém bate, uma outra figura qualquer onipotente; a criança torna-se aqui indefinida, sem sexo definido.

> Essa forma derradeira da fantasia, na qual alguma coisa é mantida, fixada, memorizada, diríamos, permanece, para o sujeito, investida da propriedade de constituir a imagem privilegiada na qual o que ele puder experimentar de satisfações genitais irá encontrar seu apoio.[380]

Ao examinar a fantasia de ser batida e ao observar os tempos em que ela se desenvolve, Lacan propõe que as fantasias se organizam consecutivamente em função de uma parte da relação do Outro entrar em ligação com o eu do sujeito. A fim de apresentar maior esclarecimento, dirá:

> [...] a fantasia em sua significação – refiro-me à fantasia em que o sujeito figura como criança espancada, torna-se a relação com o Outro por quem se trata de ser amado, enquanto ele mesmo não é reconhecido como tal. Essa fantasia situa-se, então, em algum lugar da dimensão simbólica entre o pai e a mãe [na relação], entre os quais, aliás, ela efetivamente oscila.[381]

No capítulo 1.3 desta obra, a propósito das operações de alienação e separação, a base da constituição subjetiva, vimos que, por meio da experiência de alienação, a criança entra em contato com a linguagem e suas leis, às quais a criança necessita aceder para, a partir disso, penetrar

---

[380] LACAN, J. [1957-1958]. Seminário livro 5. *As formações do Inconsciente, A fantasia para além do princípio do prazer*. Rio de Janeiro: Zahar, 1999c. p. 247.

[381] *Ibid.*, p. 256, grifo nosso.

no campo do Outro. O Outro, que sanou suas necessidades logo no início da vida, pôs fim ao mal-estar e, por essa intervenção, inaugurou a ordem simbólica. Esse Outro toma como enunciado como mensagem aquilo que vem enquanto grito e choro. Lacan irá utilizar a operação da alienação para demarcar a impossibilidade que há em uma criança de se constituir inicialmente como separada do Outro[382]; em outras palavras, a criança está alienada ao desejo do Outro.

Para a segunda operação, a de separação, gostaríamos de retomar o que Lacan, no texto *Posição do inconsciente,* diz do termo em latim: "*separare*, separar, conclui-se aqui em *se parere*, gerar a si mesmo"[383]. Sendo assim, a operação de separação permite que a criança se coloque de outra forma na relação com o Outro, ao perceber que esse Outro tem uma falta constitutiva, não é pleno. Isso é possibilitado pela via da identificação, pois a criança ocupa o lugar de objeto da falta desse Outro, fazendo surgir o enigma: "o que o Outro quer de mim?" Acerca disto, propõe o autor:

> Uma falta é, pelo sujeito, encontrada no Outro, na intimação mesma que lhe faz o Outro por esse discurso. Nos intervalos do discurso do Outro, surge na experiência da criança, o seguinte, [...] ele *me diz isso, mas o que é que ele quer?*[384]

Nesta operação de separação estão em relevo o recobrimento tanto da falta do Outro quanto no sujeito: nessa divisão, a criança porta o objeto que está entre ela e o Outro. Por esse motivo, Lacan nomeou essa operação de *intersecção* (∩). Retomamos essas operações, pois esses momentos de alienação e separação acontecem simultaneamente à *travessia do fantasma,* ou seja, conceitos importantes no seguimento da construção teórica de Lacan a propósito do que pôde ler da fantasia no texto de Freud, *Bate-se numa criança.*

Gostaria de esclarecer o uso do termo *fantasma.* No Brasil, há uma circulação dos dois termos: *fantasma* e *fantasi*a. Pode-se constatar que o uso do termo *fantasia* está mais ligado à lealdade do termo freudiano. Já os que optaram pela utilização do termo *fantasma* queriam livrar-se da ideia de imaginação e devaneio, propondo diferenciar o conceito[385]. Com

---

[382] LACAN, J. [1964]. Seminário livro 11. *Os quatro conceitos fundamentais da psicanálise – O sujeito e o Outro II.* Rio de Janeiro: Zahar, 2008b.

[383] *Id.* [1964]. *Escritos*: Posição do Inconsciente. Rio de Janeiro: Zahar, 1998. p. 857.

[384] *Id.* [1964]. Seminário livro 11. *Os quatro conceitos fundamentais da psicanálise – O sujeito e o Outro* II. Rio de Janeiro: Zahar, 2008b. p. 209.

[385] TYSZLER, J.-J. *O fantasma na clínica psicanalítica.* Recife: Association Lacanienne Internationale, 2014.

o psicanalista José Zuberman, proponho ir um pouco além. Freud, no texto *Bate-se numa criança,* deixa evidente o caráter anal da *fantasia* de ser batida, apontando para uma fixação do objeto, e é isso que Lacan irá ler como *fantasma*. Para o autor, esta dimensão implica a fixação do objeto. Ou seja, nem tudo o que está traduzido em Freud como fantasia de fato o é; por vezes, é *fantasma*! Zuberman nos dirá: "Há alguns parágrafos de Freud em que a fantasia é fantasia à medida que é sinônimo de sonho diurno, devaneio: há somente a cadeia de representações, então é como o sonho"[386]. O emprego do termo *fantasia* é bem utilizado quando se refere a uma cadeia de representações.

A partir da retomada do texto *Bate-se numa criança*[387], em especial do segundo tempo dessa fantasia, na qual é recalcada e alcançada a partir da análise, segundo Tyszler:

> Lacan [...] segue esvaziando o fantasma das fantasias ima-
> ginárias, ressaltando a importância desse segundo tempo
> como momento chave. [...] registra no fantasma esse ponto
> do impossível [...]Isso nos permitiria então dizer que nesta
> importação do termo francês *fantasme*, seria a sua vertente
> de real, do impossível de ser dito, que marca o diferen-
> cial da elaboração lacaniana, que culmina com a escrita
> do matema.[388]

Optarei por utilizar o termo *fantasme* (em francês), o mesmo que *fantasma* (em português), empregado para as formulações lacanianas. Os tempos descritos no texto *Bate-se numa criança*, de Freud, se e forma-lizam também nas operações de alienação (v) e separação (∧) do sujeito em Lacan. Veremos que a leitura estruturalista de Lacan o levou a mate-matizar o que Freud elaborou em termos de fantasia, a partir do texto *Bate-se numa criança*.

Farei menção dos significados de alguns termos da obra de Lacan que serão importantes e esclarecedores na temática deste trabalho. No texto *A significação do falo no tratamento,* Lacan utilizará o símbolo de um losango (<>) para dizer que nele "se inscreve a relação do sujeito com o Outro como lugar da fala e como mensagem"[389]. Para tanto, desdobrará

---

[386] ZUBERMAN, J. *A Clínica Psicanalítica*: Seminários na Clínica-Escola. Porto Alegre: Evangraf, 2014. p. 28.

[387] FREUD, S. [1919]. *In: Obras Completas*: Batem numa criança: Contribuição ao conhecimento da gênese das perversões sexuais. São Paulo: Companhia das Letras, 2010. v. 14.

[388] TYSZLER, J.-J. *O fantasma na clínica psicanalítica*. Recife: Association Lacanienne Internationale, 2014. p. 8.

[389] LACAN, J. [1957-1958]. Seminário livro 5. *As formações do Inconsciente, A significação do falo no tratamento*. Rio de Janeiro: Zahar, 1999d. p. 451.

as variações dos vértices, buscando situar a relação que se estabelece entre o sujeito barrado ($), dividido por sua relação com a linguagem, e o pequeno objeto (*a*), situado como causa do desejo, ao objeto perdido e ao outro imaginário. Lacan chamará de *fantasma fundamental* e o escreverá sob a fórmula simbólica de S barrado, punção de *a* ($ <> a). O fantasma garantirá "na perspectiva sincrônica, [...] sua estrutura mínima ao suporte do desejo"[390]; mais adiante, em 1960-1961, o autor seguirá pensando que será nesse fantasma fundamental, nessa relação vacilante do sujeito com o objeto, que se instaura o lugar em que pode fixar-se como desejo. Cabe lembrar que a relação do sujeito com esse pequeno *a,* como já havia dito Lacan em outro seminário, será "determinada quanto aos vértices dessa amarração"[391].

Será no seminário *A lógica do fantasma* que Lacan irá aprofundar o *fantasma fundamental,* inscrito como o matema ($ <> a) e, dessa fórmula dirá:

> [...] o S barrado representa, sustenta nessa fórmula o lugar do que ele reenvia, concernente à divisão do sujeito, que se encontra no princípio de toda a descoberta freudiana e que consiste nisso: que o sujeito é, por um lado, barrado daquilo que o constitui propriamente, enquanto função do inconsciente. Essa fórmula estabelece alguma coisa que é uma ligação, uma conexão entre esse sujeito enquanto assim constituído e alguma coisa outra que se chama o *pequeno a.*[392]

Ao símbolo do losango (<>), conforme referido anteriormente, o autor chamará punção ou báscula, ou seja, um símbolo forjado que pode representar todos os elementos. Estes podem movimentar-se, mudar de posição de tal forma que os vértices se reconfiguram entre si, pois o lado de dentro também é o de fora e, conforme for operado o corte no interior do losango (< | >), ele terá a possibilidade de isolar os vértices, podendo ser separado por um traço vertical ou horizontal. Nesse raciocínio, teríamos as seguintes posições: *(>) maior, (<) menor, (v) alienação, (∧) separação.* O *objeto a,* referido na fórmula, é o correspondente às fezes, ao seio, ao olhar, à voz, tal qual descreve Lacan: "peças descartáveis e, contudo,

---

[390] LACAN, J. [1958-1959]. Seminário livro 6. *O desejo e sua interpretação, A fantasia fundamental.* Rio de Janeiro: Zahar, 2016. p. 393.

[391] *Id.* [1957-1958]. Seminário livro 5. *As formações do Inconsciente, A significação do falo no tratamento.* Rio de Janeiro: Zahar, 1999d. p. 452.

[392] *Id.* [1966-1967]. Seminário livro 14. *A lógica do fantasma, lição 1 - 10.* Recife: Centro de Estudos Freudianos, 2017. p. 12.

fundamentalmente religadas ao corpo"[393]. As quatro modalidades do fantasma apresentadas sob os diferentes vértices marcam o momento em que a criança se desliga do Outro, que o eternizaria como objeto *a*. Ou seja, a criança quando conjuga: (>), (<), (v) e (^), passa a operar com sua própria perda, dando espaço ao significante próprio. Por exemplo, na fantasia freudiana, temos momentos em que o sujeito está presente, *meu pai bate na criança que eu odeio* ou, *sou batida pelo meu pai*; e temos momentos em que o sujeito desaparece: *bate-se em uma criança*.

Para fazer o fantasma, Lacan dirá que será preciso a realidade do *prêt-à--porter*, ou seja, daquilo que traduzimos como "pronto para vestir". Com isso, quer dizer aquilo que está à sua disposição e essa realidade nada mais é do que a montagem do simbólico e do imaginário[394].

Ainda nesse seminário, Lacan retomará a proposição articulada em *Os quatro conceitos fundamentais da psicanálise*[395], quando representou a partir dos círculos de Euler (reunião e interseção), a relação estabelecida entre o sujeito e o Outro para, a partir desta lógica, fazer ressurgir a relação do sujeito com o objeto *a*. O que surge dessa relação se define como um primeiro círculo – o do S, Sujeito – que o segundo círculo, o do Outro (A), vem recortar; na interseção dos dois círculos, teremos o objeto *a*. Note:

Figura 34 – Constituição Subjetiva representada pelos círculos de Euler

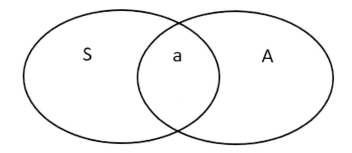

Fonte: Seminário 14 A lógica do Fantasma[396]

---

[393] *Ibid.*, p. 15.

[394] LACAN, J. [1966-1967]. Seminário livro 14. *A lógica do fantasma, lição 1 - 10*. Recife: Centro de Estudos Freudianos, 2017.

[395] *Id.* [1964]. Seminário livro 11. *Os quatro conceitos fundamentais da psicanálise – O sujeito e o Outro II*. Rio de Janeiro: Zahar, 2008b.

[396] *Id.* [1966-1967]. Seminário livro 14. *A lógica do fantasma, lição 1 - 10*. Recife: Centro de Estudos Freudianos, 2017. p. 19.

Lacan relembra que, na relação desse *vel* (ou), conforme propôs articular a operação de alienação, o sujeito só poderá se instituir diante de uma relação de falta com esse *a*, que é do Outro, "exceto, a querer se situar nesse Outro, a só tê-lo igualmente amputado desse *objeto a*"[397]. O autor, partindo dessa representação nos Círculos de Euler, apontará para duas operações lógicas implícitas: ou seja, a *reunião* (v), que descreverá a relação do sujeito com o Outro, e a *interseção* (∧), que definirá o objeto *a*.

Se utilizarmos os círculos de Euler, perceberemos a relação que se estabelece entre o sujeito e o Outro. O conjunto (**A**) representa o sujeito, e o conjunto (**B**) corresponde ao Outro. Ou seja, em (**A U B**), temos como produto a alienação, na qual o sujeito não existe. Já (**A ∩ B**), temos a separação, na qual fica demarcada a alteridade, a partir da presença do objeto *a* na intersecção.

Tabela 2 – Círculos de Euler com a relação entre o sujeito e o Outro

A U B (Alienação)   A ∩ B (Separação)

Fonte: Lacan (2017)[398]

Lembremos mais uma vez o capítulo 1.3 deste livro, pois é em virtude da falta do objeto de satisfação, como por exemplo o seio materno, que a criança se torna um ser desejante. Quanto a isso, Lacan dirá: "é essencialmente na representação de uma falta, enquanto ela corre, que se institui a estrutura fundamental da *bolha* que temos chamado inicialmente o *tecido do desejo*"[399]. O fantasma é, portanto, uma representação imaginária desse objeto *a*, objeto perdido e, por isso, caracteriza-se como defesa contra o real. Tyszler, no livro *O fantasma na clínica psicanalítica*, dirá que "o fantasma funciona como um véu que mascara o real, ou como uma moldura que enquadra a realidade, por outro lado, ele marca limites e sustenta o sujeito, prendendo-o em sua trama"[400]. Ele seria assim um

---

[397] *Ibid.*, p. 20.
[398] LACAN, J. [1966-1967]. Seminário livro 14. *A lógica do fantasma*. Recife: Centro de Estudos Freudianos, 2017.
[399] *Id.*
[400] TYSZLER, J.-J. *O fantasma na clínica psicanalítica*. Recife: Association Lacanienne Internationale, 2014. p. 9.

tipo de borda que sustenta a estrutura do sujeito, uma espécie de tela que disfarça o encontro com o real, permitindo que o sujeito tolere tal momento. O autor seguirá articulando que:

> O fantasma é janela e condição de uma abertura para o mundo, condição igualmente do laço erótico com o outro e enfim, da construção de toda demanda. [...] O fantasma é, portanto, tanto este obstáculo quanto uma proteção em face do enigma do desejo humano, de seu caráter sempre perturbador e, como o diz Freud, impossível de ser socializado totalmente.[401]

Em um tratamento de análise, o fantasma serve de guia para a questão do desejo do paciente. Tyszler dirá que o fantasma não se manifestará como necessidade, demanda ou prazer, ele será algo distinto. Nesse sentido, "guia-nos velando, mascarando o real do desejo! [...] Esse processo é um guia e ao mesmo tempo um véu"[402].

Cabe esclarecer que minha intenção não é esmiuçar todo o arcabouço teórico envolvido em torno do conceito de fantasma, mas falar de algumas noções conceituais, especialmente de como o fantasma vai se construindo na criança e de que maneira poderemos visualizar tal temática no desenho infantil. Para tanto, retomaremos um manuscrito de Lacan de outubro de 1969, chamado em seu título original *Duas notas sobre a criança,* mas aparecendo sob outro título em *Outros Escritos.* Nesse inestimável texto, Lacan situará que os sintomas da criança são uma resposta aos sintomas da estrutura familiar, sintoma esse que pode vir a refletir a verdade do casal parental; além disso, dirá que "a articulação se reduz muito quando o sintoma que vem a prevalecer, decorre da subjetividade da mãe"[403]. O autor prossegue dizendo que a criança, quando não tem a mediação de um terceiro (alguém que faça a função paterna), estará implicada na fantasmática materna. Vejamos como isso se articula:

> A distância entre a identificação com o ideal do eu e o papel assumido pelo desejo da mãe, quando não tem mediação (aquela que é normalmente assegurada pela função do pai), deixa a criança exposta a todas as capturas fantasísticas. Ela se torna o "objeto" da mãe e não mais tem outra função senão a de revelar a verdade desse objeto. A criança realiza a presença do [...] objeto *a* na fantasia. Ela satura,

---

[401] *Ibid.,* p. 15-16.

[402] *Ibid.,* p. 16.

[403] LACAN, J. [1969]. *Outros Escritos, Nota sobre a criança.* Rio de Janeiro: Zahar, 2003. p. 369.

> substituindo-se a esse objeto, a modalidade de falta em que
> se especifica o desejo (da mãe), seja qual for sua estrutura
> especial: neurótica, perversa ou psicótica.[404]

Ao dizer que a criança ocupará o lugar de objeto *a* na fórmula do fantasma materno, Lacan nos remete a um texto que possivelmente lhe serviu de base para elaborar tal proposição. Nos referimos ao escrito de Freud, *As transformações do instinto exemplificadas no erotismo anal*, no qual o autor propõe que, no inconsciente, existe uma equivalência simbólica entre os objetos, a saber as fezes = dinheiro = presente = bebê = pênis. O autor nos diz que "os conceitos [...] mal se distinguem um do outro e são facilmente intercambiáveis"[405]. Portanto, a criança na fórmula do fantasma materno está representada no lugar do objeto *a*, pois ela, assim como o objeto, também cairá do corpo da mãe e, somente após essa queda, ou seja, após sair da condição de alienação e separação do Outro, a criança conseguirá construir o seu próprio fantasma.

Para esta articulação, retomo o que já foi dito acerca da constituição psíquica de uma criança. Para que uma criança nasça é preciso que ela já exista anteriormente no projeto simbólico imaginado pelos pais, conforme enunciado no capítulo 1.3. Trata-se de uma trama complexa, que envolve tanto a cena da criança quanto a cena das funções parentais. E, se temos uma cena, temos além disso o objeto da pulsão escópica, na qual o fantasma também se sustenta, segundo Biesa e Dvoskin. Esses mesmos autores asseguram que, para que o sujeito possa advir, a condição necessária é que a criança fique numa posição passiva frente ao desejo do Outro, "o início da constituição subjetiva não é possível sem passar pelos significantes do Outro e sem ter ficado situado em uma condição de objeto"[406]. Melhor dizendo, a constituição subjetiva passa inicialmente pela alienação, ou dimensão metafórica, sem que o sujeito se reduza a um objeto criptografado ou hieroglífico.

A partir dessas questões essenciais relativas à constituição inicial de uma criança, parto da afirmação de que uma criança necessita de um lugar diante do Outro, como Alba Flesler se apoia para formular que uma criança:

> [...] é sempre um lugar no fantasma do Outro. Por isso é funda-
> mental para o psicanalista sustentar a diferença entre a criança

---

[404] *Ibid.*, p. 369-370.

[405] FREUD, S. [1917]. *In: Obras Completas*: As transformações do instinto exemplificadas no erotismo anal. Rio de Janeiro: Imago, 1996. v. XVII. p. 136.

[406] BIESA, A, DVOSKIN, H. *El médio Juego*: La práxis psicoanalitica, esa pasión lógica. Buenos Aires: Letra Viva, 2005. p. 121, tradução nossa.

> e um sujeito. [...] se a criança é um lugar no Outro, o sujeito é uma resposta, uma resposta à criança proposta pelo Outro.[407]

Portanto, uma pergunta necessária nas entrevistas iniciais, quando atendo crianças, é a seguinte: que lugar ocupa esta criança para os pais? Quando uma criança é posta em equivalência ao objeto imaginário, simbólico e real do Outro, no intervalo entre o objeto como causa de desejo e o objeto como plus de gozar, ou seja, um gozo a mais, há uma abertura para a entrada do sujeito. Estando entre a presença de satisfação da criança com a mãe e a ausência que aciona um desejo além de si mesmo, o Outro introduz, nesse momento, um encontro propício entre o objeto buscado e o sujeito encontrado. Portanto, o sujeito só responderá ao Outro se o intervalo lhe tiver sido de fato ofertado: "este destelhamento temporal mínimo e grandioso é condição e pedra principal para a construção do fantasma"[408]. Os tempos de construção do fantasma na criança estarão, assim, pensados como tempos de entrada, indo do espaço do Outro à cena do sujeito.

Vimos que Lacan se dedica, no seminário *A lógica do fantasma*, a fazer a formalização conceitual do fantasma sob o matema ($\$<>a$). Também vislumbramos como os círculos de Euler podem representar graficamente a relação que se estabelece entre o sujeito e o Outro. Gostaria agora de propor, a partir dos círculos de Euler, uma representação gráfica da relação entre sujeito e objeto conforme a fórmula do fantasma. Flesler, relendo o seminário *A lógica do fantasma,* tomará o losango (<>), apresentando quatro possibilidades de ler os tempos do fantasma na criança. Para tanto, proponho a seguinte formalização metodológica:

Tabela 3 – Representação gráfica do fantasma lacaniano

Matema em seus vértices	$\$ \vee a$ (alienação)	$\$ \wedge a$ (separação)	$\$ > a$ (maior)	$\$ < a$ (menor)
Círculos de Euler ● a ● S				

Fonte: elaborada com base em Lacan (2017)

---

[407] FLESLER, A. *El niño em análisis*: y las intervenciones del analista. Buenos Aires: Paídos, 2011b. p. 106, tradução nossa.

[408] *Ibid.*, p. 107, tradução nossa.

O que nos interessa nestes tempos é a relação que ocorre diante da condição de sujeito e objeto, cada tempo promove, para o sujeito, um meio de acesso ao gozo, o que lhe permite se afastar da condição de objeto de gozo do Outro. Assim, o fantasma tem essa especificidade de ser o articulador do desejo. As operações descritas acima apresentam a escritura de um tempo variável, no qual o sujeito é maior que o objeto ($ > a), quando o que está em jogo é a articulação do desejo, e em outro outro tempo, em que o objeto é maior que o sujeito ($ < a), quando se tem o predomínio da alienação sobre *a* separação. Há outro tempo em que não se considera o outro, nem por semelhança, tampouco por aproximação ($v a), alienando-se dele. Por fim, temos a posição de separação, na qual se considera o outro e o semelhante ($ ∧ a). Na medida em que o sujeito sai da posição de ser objeto de gozo do Outro, ele irá orientando o seu desejo e o enlaçará em busca de novos gozos, e, após constituir o fantasma, cumpre seu papel de articulador do desejo, servindo também de suporte para a identificação com o objeto[409].

Lembramos aqui que o fantasma tem por função pôr em jogo a dialética da alienação/separação nesses espaços da punção que oportunizam os jogos de ligar, desligar, abertura e fechamento. O fantasma opera para retirar a criança do lugar de satisfação auto erógena ou de objeto de gozo do Outro, conduzindo-a ao lugar de sujeito. Para ser inscrito como sujeito do desejo, é preciso estar presente esse rompimento com o Outro, que é testemunhado nessa referência ao pai.

Conforme dito, o fantasma para a criança é uma resposta do sujeito à demanda do Outro. Além disso, é necessária a operação da metáfora paterna, que oferece embasamento e lugar ao sujeito, enquanto letra que funda uma estrutura, pois sem isso não há lugar para a cena do sujeito. Para Alba Flesler, o fantasma se constitui nos momentos de recriação da falta, cuja borda será a causa do desejo na passagem do espaço à cena, desse modo: "a cena do fantasma, cujo marco orienta o desejo, se constrói nos tempos em que o espaço do Outro se torna cena com a entrada do sujeito"[410]. Num primeiro instante, teremos o momento inaugural da constituição, no qual o olhar do Outro antecipa e configura um corpo imaginário para o sujeito. Posteriormente, quando a criança se movimenta e brinca, teremos diferentes tempos mediante o espaço e a cena. Na brincadeira, o olhar do Outro produz uma nova cena, inaugural do inconsciente, pois

---

[409] FLESLER, A. *El niño em análisis*: y las intervenciones del analista. Buenos Aires: Paídos, 2011b.

[410] FLESLER, A. *El niño em análisis*: y las intervenciones del analista. Buenos Aires: Paídos, 2011b. p. 109, tradução nossa.

ao criar uma ficção, a criança se redireciona com perspectiva em função do olhar do Outro, rumo à constiuição de uma singularidade subjetiva[411].

Teremos, portanto, tempos do sujeito nos quais a cena lúdica e o jogo estarão presentes. Logo mais, teremos o tempo puberal, tempo inaugural da privacidade e momento da instauração de conflitos na produção de outra cena, em que, por vezes, ocorre a passagem ao ato, em função da reverberação pulsional e do padecimento do sujeito em sua relação ao espaço do Outro e aos fios que estão sendo tecidos na construção do fantasma próprio. Desse modo, "do corpo da mãe ao próprio corpo do outro, se brinca toda a vida as brincadeiras de gozo na dialética do sujeito ao Outro"[412]. Como vimos, o fantasma se estabelecerá como próprio ao sujeito frente ao estabelecimento dos tempos edipianos, um estabelecimento progressivo. Portanto, a entrada da metáfora paterna e o enodamento final entre real, imaginário e simbólico darão lugar ao fantasma, ele é o efeito do recalque conforme nos lembra Vasse[413].

Assim, o matema do fantasma serve para o que está sendo conjugado na fórmula, sendo o momento no qual a criança deixa de ser um lugar no *Outro* e passa a ter um *lugar* próprio. A criança é o pequeno *a* que cai do Outro quando está na operação de alienação. A criança passa a ser o sujeito barrado quando está se efetivando a castração e a separação. Se temos, conforme o elaborado, a certeza de que o matema lacaniano do fantasma diz da relação que o sujeito estabelece com o objeto que o rodeia, e entendemos até então que, por meio da representação, do desenho, do brincar e do fantasiar, é possível aceder ao inconsciente, pois tomamos estas formas de representação e projeção, como equivalentes à associação livre – concordando com os teóricos já mencionados ao longo deste trabalho – parece possível ler o fantasma e a fantasia como operadores clínicos. Disse ler, não interpretar, pois o fantasma não é da ordem da interpretação, conforme nos disse o próprio Lacan[414]. Brousse lembrará que as "histórias de amor ou de ódio que o sujeito narra para si encontrarão na dimensão simbólica do fantasma a matriz que preside à sua organização, quando a marca do eu, a ilusão de domínio as caracterizam em seus desenvolvimentos"[415].

---

[411] *Id*. As Intervenções do analista. *In: O infantil na Psicanálise*. Porto Alegre: Appoa, 2011a.

[412] FLESLER, 2011b, p. 111, tradução nossa.

[413] VASSE, D. *O umbigo e a Voz*: Psicanálise de Duas Crianças. São Paulo: Loyola, 1977.

[414] LACAN, J. [1966-1967]. Seminário livro 14. *A lógica do fantasma, lição 1 - 10*. Recife: Centro de Estudos Freudianos, 2017.

[415] BROUSSE, M-H. e coll. *A fórmula do fantasma? $<>a. em Miller, G. Lacan*. Rio de Janeiro: Zahar, 1999. p. 81.

Após toda a exposição teórica, sinto-me à vontade para apresentarmos a grelha construída a partir das contribuições dos autores já mencionados, que será utilizada após a apresentação de cada caso clínico para melhor visualização dos tempos de constituição subjetivos edípicos, a construção desses tempos nos desenhos, os tempos de construção do fantasma na fórmula e no desenho, e os mecanismos do paradigma do sonho no desenho.

Tabela 4 – Grelha Metodológica Freudo-Lacaniana.

Grelha Metodológica Freudo-Lacaniana

Tempos de Subjetivação Edípicos e Construção no Desenho/Traço[416]

Tempos de Subjetivação Edípicos	Predomínio do Registro	Desenho/Traço no Tempo Edípico
* Ser ou não o falo	I	
*1º despertar sexual/ inst. de olhar	R	
* Ser ou ter o falo	I	
*Ter a falta [grifo nosso]	S	Desenho/Traço nos tempos Edípicos
*Latência/tempo de compreender	S	
*2º despertar/Início do drama puberal	R	
* Momento de Concluir/Precipitado fantasístico	RSI	

Tempos de Construção do Fantasma na Fórmula e no Desenho/Traço[417]

Tempo de Construção da Fórmula do Fantasma (Matema)	Representação Gráfica do Matema utilizando os Círculos de Euler	Desenho/Traço deste tempo de construção da Fórmula do Fantasma
Entre $ v a	a	Desenho/traço na posição ocupada na Fórmula
$ < a	$ a	Desenho/traço na posição ocupada na Fórmula

---

[416] FLESLER, A. *A Psi*canálise de Crianças e o lugar dos pais. Rio de Janeiro: Zahar, 2012.

[417] Tabela elaborada, inspirada no seminário de Lacan (1966-1967). livro 14. A lógica do fantasma. Recife: Centro de Estudos Freudianos, 2017.

Tempo de Construção da Fórmula do Fantasma (Matema)	Representação Gráfica do Matema utilizando os Círculos de Euler	Desenho/Traço deste tempo de construção da Fórmula do Fantasma
$\$ > a$		Desenho/traço na posição ocupada na Fórmula
$\$ \wedge a$		Desenho/traço na posição ocupada na Fórmula

Paradigma do Sonho no Desenho/Traço[418]

(Usaremos (P) ou (A) para demarcar a presença ou ausência dos mecanismos)

Cont. Latente (inc.)	Pens. Manifesto (consc.)	Desl./ Metonímia	Cond./ Metáfora	Elab. Secundária	Sobredeterminação	Figurab./ Dramatização

Fonte: Flesler (2012), Lacan ([1966-1967] 2017) e Freud ([1900] 1986)

A elaboração dessa grelha surge a partir das argumentações realizadas até então e ganharão maior visibilidade com a abordagem que farei na sequência dos casos clínicos que serão trabalhados. Além disso, para propor essa formulação metodológica, valho-me também do argumento de Lacan sustentado no texto *Abertura da seção clínica*, quando ao final da apresentação é interpelado por Jacques-Alain Miller, que indaga: "Os elementos que constituem os discursos, ou seja, *$*, objeto a, S1, S2,* são termos apropriados na clínica do psicótico? [...] Na paranoia, um significante representa um sujeito para outro significante?"[419], ao que Jacques Lacan responde: "Na paranoia um significante representa um sujeito para outro significante"[420]. Essa resposta me sugere maior plasticidade para pensar que todos os elementos que compõe os discursos, os matemas, estão presentes, talvez em lugares ou posições diferentes, mas estão lá. Digo isso, pois a grelha, entendida a partir dessa interlocução entre Lacan e Miller, toma uma dimensão mais ampla, em termos de possível utilização e leitura.

---

[418] FREUD, S. [1900]. In: Obras Completas: A Interpretação dos Sonhos Parte 1. Rio de Janeiro: Imago, 1996. v. IV.

[419] LACAN, J. [1977]. *Abertura da Seção Clínica, Ornicar?,* n 9. Reproduzido e traduzido por Traço Freudiano Veredas Lacanianas Escola de Psicanálise, 1992. p. 9.

[420] *Ibid.*

Figura 35 – Diz-tracinho

Fonte: Zetti Toledo (2021)

DA MOSTRAÇÃO À BROCAGEM: A CLÍNICA E SEUS DESDOBRAMENTOS

Antes eu desenhava como Rafael,
mas precisei de toda uma existência
para aprender a desenhar como as crianças.
(Pablo Picasso)

Com Freud, em *O Ego* e o *Id*, temos a dimensão de que o eu é, sobretudo corporal e, além disso, projeção de superfície. Por aí, entende-se que aquilo que não é verbalizado surge no corpo enquanto patologia[421]. Se retomo as formulações de Annie Anzieu, quando propõe que a folha de papel é o "eu – pel*e*" do sujeito,[422] e com Françoise Dolto, ao dizer que, quando a criança desenha, *ela se desenha*, ou seja, que o desenho é um *auto-retrato* do inconsciente[423], é possível considerar, a partir dessas premissas, que o desenho está na ordem de uma mostração.

Convido o leitor a acompanhar minha indagação orientadora: o traço, a letra que surge no desenho infantil, está a serviço de que? Que desdobramentos temos em decorrência desta clínica?

A partir do recorte de algumas sessões de dois casos clínicos, buscarei aproximar os elementos desenvolvidos até então. Contarei com a exposição sucinta da história clínica dos casos, salientando os elementos de relevância e importância para a análise. Iniciarei com a primeira sessão, que contemplou desenhos, e seguirei com outras produções ao longo do trabalho de análise. Lembre-se de que os nomes utilizados são fictícios.

Depois de apresentada a base teórica e bibliográfica nos capítulos anteriores, os casos recolhidos tiverem um período mínimo de um ano e meio e máximo de dois anos, ocasião em que os pacientes estavam em análise. É importante salientar que os desenhos e narrativas foram livres de sugestão, e as produções por sessão foram variadas.

---

[421] FREUD, S. [1923]. *In: Obras Completas:* O Ego e o Id. Rio de Janeiro: Imago, 1996a. v. XIX.

[422] ANZIEU, A.; BARBEY, L.; BERNARD-NEY, J.; DAYMAS, S. *Le Travail du dessin em Psychothérapie de l'enfant.* Paris: Dunod, 1996.

[423] DOLTO, F. Rapport sur l'interprétation psychanalytique des dessins au cours des traitements psychothérapiques. *Revue Psyché*, n. 17, 1948.

A partir da metodologia psicanalítica freudo-lacaniana, exposta nos capítulos anteriores, irei ler os desenhos nos tempos subjetivos de cada criança. Utilizando o paradigma do sonho de Freud, identificarei os processos psíquicos nos desenhos para vislumbrar o tempo da construção do sujeito na fórmula do fantasma e a construção dos desenhos/traços. De Lacan, incidirei luz, em especial, sobre a Teoria dos Conjuntos, adaptando-a a partir de uma releitura baseada nos círculos de Euler, a fim de mostrar como a criança está situada no tempo do fantasma.

Os casos apresentados pertencem a crianças de 6 e 9 anos, que não estavam mais em atendimento analítico. Todo o material produzido e apresentado foi concedido por meio de Termo de Assentimento para as crianças e Termo de Consentimento Livre e Esclarecido para os pais. Todo este trabalho foi submetido ao Comitê de Ética da Universidade Fernando Pessoa (UFP) e ao Instituto de Psicologia da Universidade Federal do Rio Grande do Sul (UFRGS), no Brasil, via Plataforma Brasil, obtendo parecer favorável à sua realização.

Para esta apresentação de casos, optei pelas iniciais (**A**), para **A**nalista e (**P**), para **P**aciente. A partir deste momento pretendo narrar os conteúdos manifestos, buscando levantar hipóteses acerca dos conteúdos latentes, estabelecidos pelo traço, que se fizeram presentes ao longo das representações gráficas do caso apresentado. Seguirei a sequência dos desenhos, fazendo uma leitura clínica com base no arcabouço teórico já apresentado. Além disso, utilizarei como aliada a escuta clínica e a experiência de anos de atendimento psicanalítico de crianças.

4.1 Caso Clínico 1: Uma Voz a Mais

Quando recebi o menino Bento para análise, ele tinha 8 anos e havia sido diagnosticado como psicótico por uma colega de profissão. Segundo a mãe, Bento ouvia vozes, não comia com as próprias mãos, não fazia a higiene pessoal (nem banho, nem a limpeza após evacuação) e não dormia sozinho, pois dizia ter medo de que "alguém" invadisse a casa. Quanto à alimentação, era necessário negociar, pois ele não queria comer; além disso, "vivia colado" nela. A mãe relatou que seu matrimônio era complicado e, por conta disso, fazia uso do filho para não ter que se haver com as questões que o casamento lhe impunha. Para tanto, levou o filho, desde pequeno, para dormir com ela. O pai de Bento, cuja estrutura se delineia como psicótica, quando morava com a família, passava a noite vigiando a casa, armado, com uma faca em punho para atacar alguém que supostamente iria invadir a residência. Além disso, era dependente químico e um sujeito pouco sociável, conforme relato da mãe. Por esse motivo, a mãe conta que dormia trancada no quarto, pois temia pela sua vida e pela do filho. Aos 3 anos do filho, conseguiu divorciar- se, mas não retirou o filho da cama, tampouco lhe indicou o que pertencia à ordem do íntimo e do público. Sem individualidade, a mãe trocava de roupa na frente do filho.

As visitas com o pai eram difíceis, pois ele negligenciava cuidado e afeto. Em uma das visitas em que Bento dormiria com o pai, o menino começou a chorar e a pedir pela mãe. O pai disse que ela já estava a caminho, que ele poderia sentar no sofá e esperar, sendo que não havia chamado a mãe para buscar o filho. Bento adormeceu chorando, à espera. Cabe aqui acrescentar que a mãe de Bento tivera uma história de vida difícil, perpassada por mortes e perdas. Sua mãe tinha crises depressivas, chegando a se enclausurar no quarto por meses, mesmo com filhos pequenos. Teve seis filhos: a primeira filha ela rejeitou; a segunda filha, o pai recebeu como se fosse uma princesa; já, o terceiro, um menino, foi rejeitado e veio a óbito aos 30 anos em função de um acidente. A quarta filha foi aceita pela mãe; na quinta gravidez, o marido a fez abortar. Por fim, a sexta filha, é Célia, a mãe de Bento. Ela conta que teve um relacionamento conturbado com a mãe, e que ainda sofre muito com a morte desse irmão, tendo perdido o pai em seguida. Segundo ela, sua mãe também rejeitava os netos, filhos do filho morto aos 30 anos.

4.1.1 Primeiro Fragmento de Sessão (primeira sessão real do paciente)

A: – *O que tens para me contar? Aqui podes dizer em palavras, desenhos, modelagens, tudo que sentes ou pensas, mesmo que saibas ou aches que não poderia ser dito para outra pessoa.*

P: – *Eu tenho medo de dormir sozinho porque, no escuro, na parte escura, eu enxergo uma pessoa.*

A: – *Me diga mais disso. Como é essa pessoa?*

P: – *É uma pessoa igual às outras e eu imagino coisas. Esse medo é tipo um medo imaginário. Eu imagino e fico com medo do que eu imaginei.*

A: – *Que outras coisas imaginas?*

P: – *Eu escuto pessoas falando.*

A: – *E o que elas falam?*

P: – *Eu não escuto o que dizem, escuto tipo um som de voz.*

A: – *Me conta como é tua casa?*

P: – *Minha casa é em um condomínio de casas.*

A: – *Mas que tipo de condomínio? Daquelas casas uma do lado da outra? Quero dizer, parede com parede?*

P: – *Não é dessas coladas, elas são separadas.*

A: – *Bom, e com quem moras nessa casa?*

P: – *Então, eu moro com a mãe. O pai mora em Florianópolis. Eu fico pouco tempo com ele, a gente briga às vezes.*

A: – *É? E o que acontece? Brigam por quê?*

P: – *Não brigamos, é brincadeira. É que eu não gosto muito dele porque eu não tenho muito contato sabe, eu gosto muito mesmo é da minha mãe. Ela deve ter te dito que eu durmo na cama com ela?*

A: – *Quem sabe me contas disso?*

P: – *A cama dela é meu quarto. É porque eu tenho uns probleminhas à noite. Eu tenho medo de dormir sozinho porque eu fico imaginando que alguém vai entrar na casa, que tem um ladrão que vai entrar. Vou te contar uma coisa. Vou desenhar.*

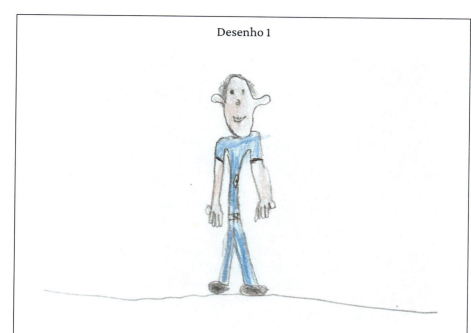

Desenho 1

Fonte: paciente Bento

P: – *Esse é o meu amigo Vicente. Eu gosto dele, mas, às vezes, ele parece ficar emburrado parece que ele não é honesto.*

A: – *Não é honesto? Como assim?*

P: – *Só porque eu não sei o nome dos jogadores, ele não conversa comigo. Às vezes parece que ele fica se exibindo sem conversar comigo e isso me deixa triste, esse aqui é ele.*
Vou fazer outro desenho...

Análise clínica:

Inicio as análises do caso exposto fazendo alusão ao sintoma inicial, "escutar vozes", que, a nosso entender, não configura, de fato, uma alucinação senso-perceptiva, pois tal sintomatologia não perdurou. Além disso, se retomamos o texto de Freud, *Delírios e Sonhos na Gradiva de Jensen*, confirmamos, com o autor, por meio desse romance, que os delírios e alucinações não pertencem somente ao campo da psicose[424]. O autor irá ampliar esses estados mentais para a neurose, em especial a neurose histérica e obsessiva. para os sonhos, dirá que estes também são conhecidos como *alucinações oníricas*. É o discurso que define o que é uma alucinação ou um delírio. Assim, vimos tal alucinação dissipando-se ao longo dos dois primeiros meses de tratamento. No entanto, esse sintoma necessita ser levado em conta, pois fala de uma posição transitória, ligada a questões fantasmáticas.

---

[424] FREUD, S. ([1906]1907). *In: Obras Completas*: Delírios e Sonhos na Gradiva de Jensen. Rio de Janeiro: Imago, 1996. v. IX.

No Desenho 1, utiliza-se da elaboração secundária, pois apresenta uma história coerente e inteligível através do pensamento manifesto[425], sugerindo-nos uma questão fantasmática importante, que é produto do conteúdo latente, anunciada graficamente pela protuberância das orelhas. Esse desenho é a confirmação do sintoma inicial relatado pela mãe, no qual ela refere que o filho "escuta vozes". Além disso, nesse grafismo, condensa-se a questão fantasmática paterna, pois, se retomarmos a história clínica, o pai não dorme à noite, necessitando ficar de plantão, vigiando a casa, pois está frequentemente preso à paranoia de que alguém invadirá a residência. Penso que o tamanho das orelhas representado por Bento tenha dois motivos. O primeiro remete ao *objeto voz*, que possivelmente encontrava-se próximo demais do corpo materno, dado que ele dorme com a mãe, estando ainda "atrelado" a ela. O segundo motivo que me ocorre vem no sentido de defesa de uma mensagem que ele acha demasiado intrusiva. É como se Bento projetasse para fora a angústia face àquilo que ele pode ouvir da relação com o outro, como se o outro fosse um perigo, tal como é para o pai. Por isso, necessita defender-se da parte *delirante* que vem como um estímulo invasivo, aumentando o tamanho da orelha, como se fosse uma escuta *aumentada* do *supereu*, que *impõe* um *gozar* com a mãe, "esse imperativo do supereu, paradoxal e mórbido"[426]. Freud, sobre a *paranoia*, já anunciava: "aquilo que foi internamente abolido retorna desde fora"[427], e Lacan [428]complementa com: "o que é recusado na ordem simbólica ressurge no real"; assim, no caso exposto, retorna enquanto alucinação. Percebemos também a presença da sobredeterminação[429], pois um elemento do desenho, por exemplo, as orelhas, remete-nos a uma série de outros conteúdos latentes. Temos, nessa história familiar, um pai que tudo escuta, mas não faz a função de um *terceiro*, não castra, não interdita esse gozo, como diz Lacan, "o pai não castra a mãe de uma coisa que ela não tem"[430]. Logo, o menino que *coabita* com a mãe desafia o pai e se rende ao incesto, este é o conteúdo latente. Uma vez excluindo o pai da relação com a mãe, exclui também o seu lugar na *castração*, ficando, portanto, como objeto *não castrado*, na posição de *falo imaginário* do Outro. Ele poderia *"escolher"* entre "to be ou not to be o falo"[431], pois ocupa uma posição tanto *ativa* quanto *passiva* nesse processo. No entanto sabemos, como lembra Lacan nesse mesmo texto, que: "não é ele quem manipula as cordinhas do simbólico"[432].

---

[425] *Id.* [1900]. *In: Obras Completas*: A Interpretação dos Sonhos Parte 1. Rio de Janeiro: Imago, 1996. v. IV.

[426] LACAN, J. [1959-1960]. Seminário livro 7. *A ética da psicanálise, Nosso Programa*. Rio de Janeiro: Zahar, 1997. p. 16.

[427] FREUD, S. [1911]. *In: Obras Completas*: Notas psicanalíticas sobre um relato autobiográfico de um caso de paranoia - Dementia Paranóides- Sobre o mecanismo da paranóia). Rio de Janeiro: Imago, 1996. v. XII. p. 78.

[428] LACAN, J. [1955-1956]. Seminário livro 3. *As Psicoses, Do Não-senso, e da estrutura de Deus*. Rio de Janeiro: Zahar, 2002. p. 22.

[429] GARCIA-ROZA, L. A. *Introdução à Metapsicologia Freudiana*. v. 2. Rio de Janeiro: Zahar, 1993.

[430] LACAN, J. [1957-1958]. Seminário livro 5. *As formações do Inconsciente, Os três tempos do Édipo*. Rio de Janeiro: Zahar, 1999a. p. 191.

[431] *Ibid.*, p. 192.

[432] LACAN, J. [1957-1958]. Seminário livro 5. *As formações do Inconsciente, Os três tempos do Édipo*. Rio de Janeiro: Zahar, 1999a. p. 192.

No conteúdo manifesto acerca do desenho, Bento se utiliza do mecanismo da projeção para dizer que o outro o exclui, quando, na realidade, é ele quem sente-se excluído por não saber os nomes dos jogadores. Ao dizer que o amigo não é "honesto", está referindo-se também a si mesmo, por não ser honesto ao coabitar com a mãe. Ademais, parece-nos demonstrar a agressividade latente, relacionada à questão fantasística paterna, pois, na narrativa, o outro o rejeita porque ele não sabe o nome dos jogadores, ou seja, ele não sabe nomear. Entendemos, com Lacan, que a nomeação é algo que tem relação com a função paterna, que deveria situar-se no nível simbólico, situando o *Nome-do-pai* na cadeia significante[433]; é essa fragilidade da função que o impede de fluir melhor no simbólico, deixando-o de fora, pois não sabe os nomes. Aliás, esse sentimento de exclusão também está na fantasmática materna. Lembremos a história clínica em que a avó de Bento aceita um filho e rejeita outro, numa lógica binária e clivada: gostando de um filho e não gostando do outro. A mãe de Bento, identificada com sua mãe, ao mesmo tempo em que não o deixa crescer, tornar-se independente e autônomo, também não o suporta colado a ela. Ou seja, é tudo ou nada: ou o deixa colado a ela, ou o excluí de forma arbitrária, seguindo a lógica inconsciente familiar. Logo, quando a função paterna não tem espaço, "a separação torna-se impossível, o estado de fusão é mantido, estado em que mãe e filho se confundem e em que amor e ódio se fundem"[434].

Outra hipótese me ocorre: será que Bento, ao projetar-se no pai por meio do desenho e por outro lado, ao não conseguir dormir à noite, não acaba ocupando o lugar do pai que vigiava a casa? Com ouvidos aguçados como figura o desenho? E se olharmos de maneira a fazer um corte vertical no centro do desenho, poderíamos pensar na evidência de dois perfis? São dois em um? Seria ali um duplo? Seria a fantasmática paterna e materna em jogo? Entendo que Bento é tanto o amigo Vicente, quanto o pai que observa e olha a sua intimidade com a mãe, pois como Freud já nos dizia, o sonhador faz parte do sonho[435] e, acrescento, que o desenhista faz parte do seu desenho. Diante do conteúdo manifesto, Bento parece se perder um pouco no que estava formulando, sua elaboração secundária é um pouco frágil, pois não está muito claro na exposição o que está pensando, logo deslocando para outro conteúdo. Defender-se falando do personagem *Vicente* parece ser mais fácil do que falar do pai, dos sentimentos, das vozes que o fazem sentir-se angustiado, desse pai que o deixa à mercê do desamparo e do eco das sombras imaginárias, como se fosse o retorno do pai pelo real. Percebemos que Bento utiliza-se da condensação[436], pois condensa em uma única imagem muitos significados.

Percebemos neste desenho, o uso do deslocamento, pois Bento desenha as orelhas em protuberância para referir-se ao pai, ou seja, "substitui um elemento latente por um outro mais remoto que funcione em relação ao primeiro, como simples alusão"[437].

---

[433] *Ibid.*

[434] BENHAÏM, M. *Amor e Ódio*: A ambivalência da mãe. Rio de Janeiro: Companhia de Freud, 2007. p. 13.

[435] FREUD, S. [1900]. *In: Obras Completas*: A Interpretação dos Sonhos Parte 1. Rio de Janeiro: Imago, 1996. v. IV.

[436] *Ibid.*

[437] GARCIA-ROZA, L. A. *Introdução à Metapsicologia Freudi*ana. 2. ed. Rio de Janeiro: Zahar, 1993. p. 94.

Desenho 2

Fonte: paciente Bento

P: – *Sabe, eu gosto de desenhar animais ferozes tipo cavalo, águia, tigre, garça... eu gosto porque eles caçam. Eles correm rápido, eles enfrentam. Lembrei de te contar uma coisa, eu faço karatê.*

A: – *É mesmo? Então também és rápido como esses animais? Também estás aprendendo a atacar e a se defender quando necessário?*

P: – *Olha, eu vou desenhar um cavalo* (aponta para o desenho à esquerda). *Agora virou um lobo. Ele é um cavalo-lobo* (refere-se ainda ao desenho à esquerda).

A: – *Um cavalo muito jovem que está sendo mandado a ser Lobo?*

P: – *Viu? Agora é um cavalo-naja* (refere-se ao desenho à direita). *A mesma coisa que o lobo, ele sai para caçar, ele se protege fugindo ou tentando caçar um animal ou tentando se avançar nele.*

A: – *Será que quem foge pode acabar virando a caça? Pode acabar sendo caçado?*

P: – *É! Ganha quem tem mais energia.*

Análise clínica:

O Desenho 2 parece evidenciar a representação de uma relação canibalesca, remontando a uma fixação oral, na qual se visa à incorporação do objeto[438], numa mistura dos personagens e alternância de posições conforme sugere a ilustração. Chama-me a atenção a repetição de um aspecto significativo no traço, nesse segundo desenho. No primeiro aventamos a possibilidade de ser "dois em um", referindo-nos aos perfis, o que nos sugere um efeito no plano metafórico[439], pois parece-nos haver uma substituição de elementos. Agora observamos novamente uma mistura de dois em um, um cavalo-lobo e um cavalo-naja.

---

[438] FREUD, S. [1905]. *In: Obras Completas*: Três Ensaios sobre a Sexualidade, Item: Sexualidade Infantil Rio de Janeiro: Imago, 1996. v. VII.

[439] FREUD, S. [1900]. *In: Obras Completas*: A Interpretação dos Sonhos Parte 1. Rio de Janeiro: Imago, 1996. v. IV.

Se lembrar da história, a mãe não o retira da própria cama, convocando-o a ocupar o lugar de *lobo*, o "lobo-da-mãe", que fica no lugar de objeto do gozo materno, uma vez que a mãe não introduz o pai enquanto função operante, função de lei[440], pois a mãe é muito clara quando põe o filho na cama para não colocar o pai, ou seja, para não colocar o pai numa posição significante.

O paciente parece mostrar-se, com esse desenho, numa posição de indiferenciação, ocupando uma posição ambivalente entre a alienação e a separação, ora numa posição ativa, ora passiva. As coisas são levadas para o plano persecutório, no qual ele ataca, mas também é atacado, pois, não tendo uma definição própria, é instrumentalizado nessa posição variável de servir ou ser servido, devorar ou ser devorado. Parece-me que ele utiliza o mecanismo da clivagem (*Spaltung*), pois "responde ao conflito por duas operações contrárias"[441], uma vez que, de sedutor, vira agressor, o paciente deixa explícita essa forma de funcionamento vacilante das pulsões. Em sua indiferenciação, não consegue escolher, como se, de um instante para o outro, de cavalo virasse lobo ou naja, sem explicar o motivo pelo qual operou-se essa transformação. A partir do conteúdo latente desse desenho, surge a pergunta: será que o pai vigiava a casa contra a *Cena primitiva* que a esposa suscitava nele? A mãe se tranca no quarto com o filho por temer suas mortes, mas, estaria ela praticando incesto? Será que Bento, no percurso edipiano, responderia à demanda materna de unir-se incestuosamente, ele por medo/desejo entre *consumar-se* e *consumirem-se* como produto final, à morte da subjetividade frente ao risco eminente do incesto que o incorporaria eternamente como objeto da mãe? Ele parece-me não deixar de reconhecer, que lá fora, há um terceiro vigilante que, ao escutá-lo, o reconhece, livrando-o de não ser, ou de ser somente objeto do gozo materno incestuoso.

---

[440] LACAN, J. [1957-1958]. *Seminário livro 5*. As formações do Inconsciente, Os três tempos do Édipo. Rio de Janeiro: Zahar, 1999a.

[441] FREUD, S. ([1938]1940). *In: Obras Completas*: Esboço de Psicanálise Item: A divisão do ego no processo de defesa. Rio de Janeiro: Imago, 1996b. v. XXIII. p. 293.

Desenho 3

Fonte: paciente Bento

P: – *E essa é a fada do dente* (à esquerda voando), *ela vem para os filhotes de qualquer ave* (à direita no tronco da árvore), *que tenha dente para recolher e deixar um presentinho.*
A: – *O que seria o presentinho?*
P: – *Alguma coisa que eles precisem tipo eu precisei de um apontador* (aguça lápis) *e a fada do dente me deu.*
P.S.: entre o desenho três e quatro, solicita que quer desenhar atrás da folha já desenhada.

Análise clínica:

Na produção 3, Bento deixa bem claro, mediante o pensamento manifesto e a elaboração secundária, o que se anuncia enquanto conteúdo latente. A fada do dente oferece a ele um apontador de lápis, pois, segundo ele, estaria precisando de um. Com isso, parece estar nos dizendo que, para lidar com ela, necessitará de dentes com fio, ou seja, precisará se armar para se defender. Outro aspecto relevante nesse desenho é a repetição dos traços significantes: as orelhas do primeiro desenho, as orelhas-lágrimas, os dentes pontudos vermelhos, os olhos vermelhos. Não esqueçamos que olhos "injetados", vermelhos, são uma característica dos dependentes químicos. Significantes que irão se deslocando de um desenho ao outro, como uma espécie de fio, traçado, riscado lógico do inconsciente, que aponta para o que está oculto, mas que marca presença pela via da repetição.

TRAÇO E ESCRITURA: A DIMENSÃO DO FANTASMA, DA FANTASIA NO DESENHO INFANTIL

Desenho 4

Fonte: paciente Bento

P: – *Esse vampiro é alma penada* (desenho à esquerda).

A: – *Alma penada?*

P: – *É. Eu só sei o que é alma, não sei o que é penada. Eu vi isso na TV.*

A: – *E o que imaginas que seja?*

P: – *Eu acho que é uma alma morta, má, muito poderosa. E um vampiro que foi matado por uma estaca, ou uma água dessas bentas que caiu nela e ela se derreteu e ela está no mundo comum para tentar buscar mais almas para ficar mais poderosa. Ela se alimenta de almas.*

A: – *Será que há alguma alma especial que ela queira? Que ela busque?*

P: – *Sim, tem.*

A: – *Sabes qual?*

P: – *A alma da Fada do Dente* (desenho à direita), *porque como é uma fada, ela vai ficar invencível, a Fada do Dente descobriu que ela pode virar uma mistura de morcego com humano e ela faz isso para se defender.*

Análise clínica:

Intuo, com o Desenho 4, por meio do pensamento manifesto do paciente e da elaboração secundária, que ainda seguimos no registro da perseguição, do persecutório.

A fada do dente segue com traços pontiagudos: o dente, expresso no desenho anterior, transformou-se em um bico; o mesmo formato está nas asas, e nos traços pontiagudos, como lâminas nos pés, nas mãos e na representação de um pênis. Isso nos sugere que Bento ainda não completou a castração simbólica, conforme entendemos com Lacan[442]. A fada do dente segue com ênfase na boca, o que nos faz pensar na confirmação dessa agressividade oral, expressa repetidamente. A personagem da fada do dente, que era maligna no Desenho 3, passa a ser a vítima do gozo vampiresco, do objeto ofertado. Outro aspecto que me chama atenção nessa produção é o fato de ele nos pedir para desenhar atrás da folha. Fico me perguntando se ele estaria querendo mostrar-me a dimensão oculta da fada do dente. Pensando assim, essa fada do dente, desenhada no verso, nos remete à *alma* da fada do dente, parecendo estar numa posição de defesa, repleta de atributos fálicos, como cabelos longos, garras e pênis. E, se olharmos com atenção, essa fada do dente representada no Desenho 4 nos remete a uma fusão, uma espécie de condensação do pássaro apresentado no Desenho 3. Perceba que os dentes são significantes que circulam nos traços dos desenhos e que remetem a algo bem primitivo, rupestre, acerca da agressividade e da oralidade, pontos de fixações que seguem aparecendo.

---

[442] LACAN, J. [1957-1958]. Seminário livro 5. *As formações do Inconsciente, Os três tempos do Édipo*. Rio de Janeiro: Zahar, 1999a.

Desenho 5

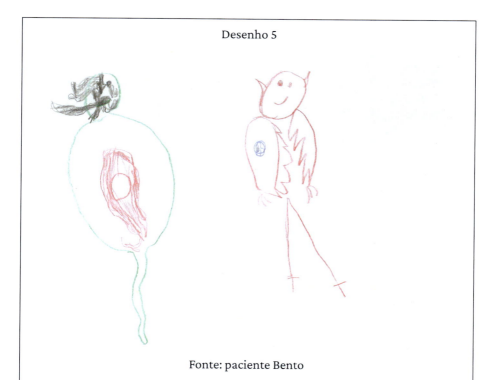

Fonte: paciente Bento

P: – *A Fada do Dente* (desenho à direita) *vai enrolar nas asas quando o vampiro atirar* (desenho à esquerda), *daí dá de rebote e aí a Fada do Dente ganha quando a bola acertou o vampiro ele começou a se derreter* (barriga do desenho à esquerda). *Quando ele morre tudo nele vira magia negra e a Magia vai invadir outra alma e mata outra alma, para ficar com aquele corpo.*

A: – *Mas algo precisa ser feito para se proteger. Será que existe alguma maneira de impedir que a magia negra tome conta de tudo?*

P: – *Sim, existe. Somente o mago mais poderoso do mundo poderá misturar a magia negra com a do bem, daí ela morre!*

Análise clínica:

No desenho 5, a questão vampiresca se mantém, através do que manifesta tanto no desenho, quanto no que enuncia. Note que as asas dessa personagem não servem para voar, assim como um pênis sem ereção não pode Gozar, com isto, percebemos novamente a castração, pela via do real. Perceba os mecanismos da condensação - *verdichtung*, e sobredeterminação - *überdeterminierung*[443], pois em duas figuras representadas, propõe ideias e cenas que se referem a uma só representação, fazendo surgir séries diferentes de pensamentos latentes.

---

[443] FREUD, S. [1900]. *In: Obras Completas*: A Interpretação dos Sonhos Parte 1. Rio de Janeiro: Imago, 1996. v. IV.

No outro personagem, há um buraco representado, uma perfuração, com um vermelho em volta, ali algo derrete, se desfaz. Mas afinal, de que buraco se trata? Do buraco do real? Da simbologia da vida e da morte? Do aborto da avó materna? Quem é quem? Bento parece estar identificado com sua história familiar, numa posição clivada, pois tanto ama a mãe quanto a detesta, tanto ela é boa quanto é má. Seus desenhos, de um modo geral tem figurabilidade/dramatização[444], pois é possível perceber a representação das imagens em ação, como uma encenação.

---

[444] *Ibi*d.

Desenho 6

Fonte: paciente Bento

P.S. Solicita outra folha e tintas. Escolhe livremente as cores)

P: – *Esse é o Bucelsdrof* (desenho à direita). *Ele era uma pessoa morta, ele morreu com uma espada enfiada no corpo.*

A: – *Quem fez isso com ele?*

P: – *O inimigo dele, já que eles faziam luta juntos e um dia um perdeu e ficou com raiva do outro. Aqui, o túmulo dele. O fantasma dele (desenho à esquerda), o inimigo dele morreu e lançou a magia negra, (representado em cinza acima), assim a pessoa virava do mal.*

A: – *Mas lá onde deveria estar a porta da indicação, da saída, tem um túmulo?*

P.S.: Após a intervenção, mudou para outra folha e seguiu a produção.

Análise Clínica:

Por meio do pensamento manifesto e da elaboração secundária, o paciente propõe uma continuação do desenho anterior, com troca de registro, pois solicita tintas guache. Aqui, ele parece estar em duas posições: tanto ao manifestar um sentimento passivo frente à invasão pela figura forte, o que nos remete a pensar na fusão, quanto na tentativa de diferenciação.

> Se tomarmos o túmulo por um espelho, Bento se especulariza, fazendo a tentativa de colocar-se mais forte, como a figura em verde, demonstrando os momentos em que tenta separar-se, subjetivar-se. Quanto à relação fusional, Benhaïm irá nos dizer que "fazer de seu filho um objeto real no fantasma materno é, [...] estabelecer uma relação, um amor fundado no Gozo, amor que visa finalmente dominar aquilo de que a mãe é objeto submetido"[445].

---

[445] BENHAÏM, M. Amor e Ódio: A ambivalência da mãe. Rio de Janeiro: Companhia de Freud, 2007. p. 12.

TRAÇO E ESCRITURA: A DIMENSÃO DO FANTASMA, DA FANTASIA NO DESENHO INFANTIL

Desenho 7

Fonte: paciente Bento

P: *Aqui é a magia negra invadindo o corpo dele* (desenho ao centro, em vermelho), *quando a magia entra, expulsa a alma do corpo, aí ele fica com a alma da magia negra.*

Análise clínica:

Bento dá seguimento à história por meio do pensamento manifesto e elaboração secundária, expondo o conteúdo latente que revela uma tentativa de diferenciação. Ele parece tanto se desemaranhar, se colocar além da fusão, tentando utilizar a defesa agressiva, quanto acabar sempre no mesmo lado, sendo punido ou comido, pois a entrega parece ser ainda a saída mais fácil para Bento. Mediante o pensamento manifesto, faz entrever o dilema estrutural ao qual está submetido, ao dizer que "quando a magia entra, expulsa a alma do corpo", ou seja, falando do risco de a alma ir embora, de se perder do corpo subjetivado, mostrando que a posição de sujeito pode sucumbir à de objeto.

4.1.2 Segundo Fragmento de Sessão (doze meses após o início)

Desenho 8

Fonte: paciente Bento

P: – Fui no dentista. Meus dentes não se desprendem da minha gengiva. O dentista precisa arrancar.

A: – Será que os dentes de leite vão continuar pelo resto da vida?

P: – Vou desenhar o Homem de Ferro, ele tem botas de jato na mão. Ele tem um laser que é por onde ele se defende. Ele não tem coração porque ele sofreu um acidente e o coração dele é um reator start tipo um robô.

A: – Sendo um robô ele está impedido de amar?

P: – Sim, ele é um Vingador.

A: – E o que faz um Vingador?

P: – Se defende, o pai dele é o vin... Quero dizer o fundador das indústrias de start da Shiub.

A: – Este reator veio do pai?

P: – Sim, da indústria dele.

A: – Então ele não pode amar porque o pai dele não está fornecendo o que ele precisa?

P: – Isso!

A: – Assim como o teu pai e tua mãe não estão te indicando outros caminhos? Os da independência, do desprendimento, da lei, tu ficas angustiado em casa porque não estão te oferecendo o que tu precisas.

P: – Sabes do que eu preciso? Vou desenhar...

> **Análise Clínica após um ano de atendimento:**
>
> Bento expõe bem a figuralidade/dramatização, o simbolismo em suas produções. Segue condensando - *verdichtung* - uma série de ideias em uma só imagem, favorecendo a sobredeterminação - überdeterminierung [446]. O Desenho 8 parece estar relacionado com a luta entre pai e filho, com Bento se tornando esse "homem de ferro", sendo o ferro um metal consistente, que também traduz força ou dureza. Na história narrada, Bento faz menção ao coração, que veio do pai, e esse órgão é também mirado na luta, na batalha, diante da facada, da punhalada. Além disso, quando se tem um reator no lugar do coração, não se tem a indicação simbólica do amor, a promessa de amar, de amar outro alguém para além da mãe.

---

[446] FREUD, S. [1900]. *In: Obr*as Completas: A Interpretação dos Sonhos Parte 1. Rio de Janeiro: Imago, 1996. v. IV.

Desenho 9

Fonte: paciente Bento

P: – *De um mundo feito de salsichas ao lado de um mundo de churros. E mais, uma fonte de chocolate com pinguins nadando.*

A: – *Pois é, tu podes ter um mundo de delícias, mas terá que abrir mão da cama da mãe, pois tu não és o lobo dela, nem tão pouco seu marido. Como tu irás te interessar por uma pessoa se só tem olhos para tua mãe?*

P: – *Eu gosto do mundo do churros e a mãe não gosta porque é gorduroso e ela não come comida italiana.*

Sabe, quando eu era pequeno, o médico perguntou para mim o que eu queria ser quando crescer, e eu respondi: quero ser homem e aí ele perguntou e o que o homem faz? Eu respondi, trabalha. Eu vou ser veterinário. Vou fazer aqui um choco-mundo. Tem uma cachoeira de chocolate (desenho grande ao centro), *um passarinho* (desenho na parte superior, em formato de cruz), *churros* (na parte superior, um de cada lado da cachoeira), *vários passarinhos* (representado em vermelho na parte superior).

A: – *Nesse mundo de delícias tens que cuidar para não te perder.*

Análise clínica após um ano de atendimento:

Perceba que, por meio do pensamento manifesto e elaboração secundária, Bento sugere ter um discurso menos fragmentado, parecendo se defender pela via do humor, ao desenhar o "choco-mundo".

> No dicionário Aurélio da Língua Portuguesa, choco significa "incubação, diz-se de ovo em que se está desenvolvendo o embrião, [...] que está incubando"[447], sugere-nos este mundo em que ele é chocado. O paciente fala desse mundo do *choco-late*, do *late* "leite", referência oral materna, no qual o menino é eternizado, nesse mundo dentro da mãe, nessa posição de alienação, onde o sujeito existe do outro. Esse mundo do *choco-leite* parece representar uma orgia autorizada pela ausência da lei. Tal representação me remete ao famoso quadro de Bosch, o *Jardim das Delícias Terrenas*, no qual o pintor retrata o paraíso e o inferno, gozo e prazer. No mundo das delícias do paciente, encontram-se misturados sexo e morte, como na fantasmática dos pais. Ainda nesta ilustração, percebemos que Bento segue demonstrando pontos de fixação na oralidade, agora sendo representadas sob a forma de gulodices.

---

[447] FERREIRA, A. B. H. Aurélio: O dicionário da língua portuguesa. Curitiba: Positivo, 2008. p. 323.

Desenho 10

Fonte: paciente Bento

P.S.: Solicita outra folha e tinta. Escolhe as cores.

A: – *Esse é o desenho de um furacão* (representado à esquerda, um cone em branco). *É a pintura de um furacão que levanta a fumaça do chão* (desenho na linha inferior em preto). *Quando passa esse furacão, destrói tudo por onde passa.*

A: – *E o que fazer? Como se proteger desse furacão?*

P: – *Se protege com magia. Indo para Asgard. Mas se realmente um furacão vier, a gente se protege indo para um vulcão bem alto ou então indo para o topo do Everest.*

A: – *Mas indo para um vulcão? Não se corre o risco de também morrer?*

P: – *É, então vamos para o Everest.*

A: – *Será que a única saída é se entregar? Isso que tu queres para ti?*

Análise clínica após um ano de atendimento:

O desenho 10 contempla uma narrativa mais fantasiosa, se utiliza da figurabilidade/dramatização. Conta uma história condensando muitos sentidos, promovendo a sobredeterminação[448], pois é possível, por meio de sua narrativa, decantar outros sentidos. Pelo pensamento manifesto, ele dirá que se protege indo para Asgard. Esse nome nos remete à formação de um anagrama (RASGADA), pois ali, onde o simbólico não opera, o corpo se rasga, se fragmenta; esse é o conteúdo latente.

---

[448] FREUD, S. [1900]. *In: Obras Completas*: A Interpretação dos Sonhos Parte 1. Rio de Janeiro: Imago, 1996. v. IV.

> No discurso, há um deslocamento de um objeto para outro: Asgard, o furacão, o vulcão, o Everest. No entanto, todos contemplam o mesmo efeito pulsional, todos orifícios, apresentando a mesma saída, ou saídas, que podem levar à morte! Sabemos que o Everest é a montanha mais alta do mundo e, se decantarmos esse nome em inglês, no dicionário Collins[449], teremos *ever* (sempre) + *rest* (descanso, repouso). Essa montanha, situada na fronteira entre o Nepal e o Tibete, em nepalês é chamada de Chomolungma (mãe do universo). Tal significado está descrito no Webventure[450], em um texto sobre o montanhismo e a origem do nome. Essas palavras permitem pensar no jogo estruturante da alienação e separação. Ponderei que o descanso eterno remete ao jardim das delícias do *choco-mundo*, no qual é permitido *ser eternamente criança*, alienado, nesse paraíso dos amores infantis. Bento parece tentar qualquer coisa para manter sua posição pré-genital, inclusive lançar uma cortina de fumaça aos olhos do mundo, com o intuito de seguir dormindo com a mãe, quando se refere à "fumaça que o furacão levanta".

---

[449] COLLINS, H. *Dictionary English-Portuguese*. São Paulo: Distal, 2012.

[450] WEBVENTURE. *Qual a origem do nome que homenageia o Monte Everest*. Disponível em: www.webventure. com.br/qual-o-origem-do-nome-que-homenageia-o-monte-everest. Acesso em: 1 jun. 2019.

Desenho 11

Fonte: paciente Bento

P: – *Vou fazer outro desenho. O último de hoje.*
Aqui são as cores que tem vida. Que falam, vivem, sentem, caminham, se misturam.
A: – *É! Para viver é preciso renunciar à morte!*

Análise clínica após um ano de atendimento:

Após a intervenção acima, vem o último desenho da sessão, uma junção entre o primitivo e o artístico, com as cores existindo em sua individualidade. Diante das produções, percebemos que, ao desenhar, Bento consegue descrever as figuras, fazendo uma associação entre grafismo e narrativa.

Esse desenho me parece interessante, pois já transparece um entendimento maior da capacidade plástica. É como se, aqui, ele conseguisse unir a maturidade do desenvolvimento, a nível da sensibilidade artística, com a evolução a nível simbólico, como se estivesse unindo o primitivo e o artístico. Percebo um arranjo estético, como se representasse graficamente seu psiquismo, que está estilhaçado como as cores, mas que existe em sua individualidade, embora não muito definido ou separado. Fico com a sensação de que Bento representa o compromisso da sua estruturação subjetiva, pretendendo manter a parte sã, como se dissesse que pode viver, apesar de sua fragilidade.

Cabe ressaltar que, após essa sessão, o paciente saiu da cama da mãe e passou a dormir em seu próprio quarto. A essa altura, já estava mais independente em relação aos hábitos de vida, tornando-se mais autônomo. Permaneceu em análise por mais seis meses, sendo retirado do tratamento pela mãe, pois, segundo ela, ele já estava muito bem.

TRAÇO E ESCRITURA: A DIMENSÃO DO FANTASMA, DA FANTASIA NO DESENHO INFANTIL

Após a apresentação do caso e das análises clínicas, retomarei as formalizações metodológicas propostas nos capítulos anteriores desta obra, inspirados na elaboração de Alba Flesler, Freud e Lacan, a fim de representar graficamente o que foi observado, apoiando-me na livre produção gráfica e no enunciado sobre os desenhos. Situarei, na grelha metodológica apresentada a seguir, os Tempos de Constituição Edípicos, o predomínio do registro (RSI) e a representação no desenho do tempo edípico. Na grelha seguinte, estarão situados os Tempos de Construção da Fórmula do Fantasma, a representação gráfica do matema utilizando os círculos de Euler e a representação, no desenho, dos tempos do fantasma. A última grelha se refere ao paradigma do sonho proposto por Freud para interpretar o desenho. Após essa apresentação, farei, em cada caso, uma pequena resenha explicativa de tal formalização.

Tabela 5 – Grelha Metodológica Freudo-Lacaniana aplicada ao caso 1

Grelha Metodológica Freudo-Lacaniana		
Tempos de Subjetivação Edípicos e Construção no Desenho/Traço		
Tempos de Subjetivação Edípicos	**Predomínio do Registro**	**Desenho/Traço no Tempo Edípico**
Ser o falo (Primeiro Tempo)	Imaginário	
Ter o falo (Segundo Tempo)	Imaginário	
Tempos de Construção do Fantasma na Fórmula e no Desenho/Traço		

Tempo de Construção da Fórmula do Fantasma (Matema)	Representação Gráfica do Matema utilizando os Círculos de Euler	Desenho/Traço deste tempo de construção da Fórmula do Fantasma
Entre $ v a	a	
$ < a	$ a	
$ > a	$ a	
$∧a	a $	

Paradigma do Sonho

(Usaremos (P) ou (A) para demarcar a presença ou ausência dos mecanismos)

Cont. Latente (inc.)	Pens. Manifes--to (consc.)	Desl./ Metoní--mia	Cond./ Metáfora	Elab. Secun--dária	Sobrede-ter-mi-nação	Figurab./ Drama--tização
P	P	P	P	P	P	P

Fonte: Flesler (2012), Lacan ([1966-1967] 2017) e Freud ([1900] 1986)

TRAÇO E ESCRITURA: A DIMENSÃO DO FANTASMA, DA FANTASIA NO DESENHO INFANTIL

A primeira parte da grelha aponta que Bento permaneceu por um período significativo no primeiro tempo do Édipo lacaniano, momento em que a criança está identificada especularmente com o objeto de desejo da mãe, ou seja, ser o *falo*[451], com o predomínio do registro imaginário. Nesse estágio, o paciente supõe ser o falo da mãe e, enquanto falo, está na posição de objeto de gozo do Outro. Utilizei para tal representação, o desenho do choco-mundo, que alude ao paraíso perdido, ao qual Bento resiste em renunciar (Desenho 9). Ao final da análise, ele entra no segundo tempo do Édipo, momento em que sai da cama da mãe. Nesse segundo tempo, o pai, no plano imaginário "intervém efetivamente como privador da mãe"[452]; no caso de Bento, a mãe é colocada fora do acesso ao gozo quando ele se retira da cama. É isso que nos diz Lacan quando afirma que tal privação a remove do lugar daquela que sabe o que falta ao filho. Representamos tal tempo edípico com o desenho do "homem de ferro com botas de jato", fazendo referência ao poder e à potência fálica (Desenho 8).

A segunda parte da grelha corresponde à construção gráfica, no desenho/traço, da fórmula do fantasma. As posições desses movimentos de construção subjetiva encontram-se no Desenho 4, que ilustra a alienação maciça, na qual um vampiro morto se alimenta de almas, englobando-as. A outra posição, ainda de alienação, mas tenuemente mais evoluída, na qual ele é objeto, está representada pelo choco-mundo (Desenho 9). A outra posição já mais separada, na qual ele mostra-se como sujeito, é ilustrada pelo Desenho 3, no qual os passarinhos, saídos dos ovos, estão prestes a voar. Ilustro por meio do Desenho 6 outra posição, também de separação, no qual mostra-se outro no espelho. É importante ressaltar que a criança está entre uma posição e outra de forma variável. Demonstro o maior predomínio da posição em que se apresenta Bento na fórmula do fantasma, tanto simbolicamente quanto graficamente. Em termos de desenvolvimento psicossexual, ele encontra-se na fase fálica, mas demonstra pontos de fixação oral. Os mecanismos psíquicos presentes estão claramente representados na última parte da grelha. Bento faz uso de todos esses mecanismos.

---

[451] LACAN, J. [1957-1958]. Seminário livro 5. *As formações do Inconsciente, Os três tempos do Édipo*. Rio de Janeiro: Zahar, 1999a.

[452] *Ibid.*

4.2 Caso Clínico 3: O Menino "Mouco"

Caio, 8 anos, filho mais velho de uma prole de dois, chega por meio de um encaminhamento escolar por conta de uma "suposta desatenção". Nos últimos tempos, tem apresentado alguns "desligamentos", uma espécie de "crise de ausência" conforme relato dos pais. Esses dizem que há um familiar próxima com uma epilepsia nomeada como crise de ausência e, num primeiro momento, os pais temem que o mesmo possa se passar com o filho. Conforme dizem os pais, não são raras as vezes que o chamam e ele "olha, mas não olha, a gente chama e ele não responde, como se não escutasse, como se desligasse". Além disso, tem insistido em se masturbar na sala de sua residência, debaixo da coberta, quando todos estão sentados assistindo TV.

O pai viaja muito e tem por hábito presentear o filho em seu retorno. A mãe, nas ausências do marido, convida o filho para dormir com ela. Um aspecto importante que nos cabe ressaltar é que o casal briga em demasia, e isso ocorre na frente do filho, com agressões verbais e ameaças de separação. Ambos têm questões subjetivas importantes a resolver, pois, na medida em que podem, desqualificam-se mutuamente.

Segundo os pais, Caio não tem horário para nada, nem regras estabelecidas. Quanto aos hábitos de higiene, toma banho sozinho, mas não se seca e também não se veste, necessitando de auxílio para escovar os dentes e se limpar após evacuar. Cabe frisar aqui que não há indicação de privacidade por parte das funções parentais. Por exemplo, quando os pais vão ao banheiro, o fazem de porta aberta, e trocam de roupa na frente dos filhos.

4.2.1 Primeiro Fragmento de Sessão (correspondente à segunda sessão do paciente)

Ao receber o paciente, digo que ele se sinta à vontade para me contar tudo o que lhe ocorrer, o que quiser, da maneira que preferir, seja falando, pintando, desenhando ou modelando. Ofereço-lhe papel, tintas, lápis de cor, de escrever e argila, ao que ele diz:

Desenho 1 – Rey

Fonte: paciente Caio

Desenho 2 – Tetsurion

Fonte: paciente Caio

P: – *Vou desenhar, vou fazer um menino que se chamava Rey* (Desenho 1). *Um Tetsurion,* (Desenho 2) *que é um monstro do Kaijudô e o Garra Voadora* (Desenho 3).

A: – *Kaijudô?*

P: – *Sim, um dia Rey estava treinando Kaijudô (é uma luta com criaturas que você comanda para lutar) e uma invasão na cidade aconteceu. O Garra voadora estava destruindo a cidade.*

A: – *Por que destruía?*

P: – *É que as criaturas agem sem pensar porque elas precisam ser dominadas, então o Rey invocou o Tetsurion. O Garra Voadora atira garras de choque em seus inimigos e ele voa. E ele tem uma armadura vermelha que quando usada ele não pode voar muito alto por que pesa, mas ele não se machuca muito. O Tetsurion joga correntes contra o inimigo e também se incendeia, também joga mísseis e ele tem espinhos nas costas.*

A: – *E por que ele necessita ter tudo isso?*

P: – *Porque ele é uma criatura de dois tipos: ele é do tipo fogo e natureza. São duas tribos. O fogo é mais dragão e a natureza é fácil de se dominar. Então o Tetsurion parte para a briga com o Garra Voadora e daí o primeiro golpe. O Garra Voadora atira as suas garras elétricas, mas Tetsurion cai no chão. Aí o Rey subiu no Tetsurion e atirou os mísseis do Tetsurion (o menino pediu que o Tetsurion viesse até ele, usando sua luva amarela com um ponto vermelho. Essa luva amarela domestica as criaturas). Então, o Tetsurion sobe num prédio que está pegando fogo, então lá de cima o Rey e o Tetsurion se jogaram bem em cima do Garra Voadora. O menino se segurou na cauda do Tetsurion e ele criou os espinhos das costas e o Garra Voadora caiu no chão. Mas ele colocou a armadura (para não se machucar) só que a armadura só durava um ataque, então o Garra Voadora jogou suas garras elétricas no Tetsurion. Mas o Tetsurion jogou vários mísseis para parar as garras e todos os ataques foram parados. O Rey fez com que o Tetsurion se incendiasse e pulasse no Garra Voadora e o Garra voadora foi derrotado. E a cidade estava segura de novo.*

Desenho 3 – Garra Voadora  Fonte: paciente Caio	**A:** – *Conte-me mais dos personagens.* **P:** – *Rey tem um ponto vermelho na luva amarela. Fonte de energia para poder chamar as criaturas.* **A:** – *Destes personagens que tu me contas, com qual te pareces?* **P:** – *O Rey um dia pode salvar o universo, eu me pareço com o Rey. E depois vem o Tetsurion e o Garra Voadora. Na verdade, nenhum deles é do mal, só não foram dominados. O Tetsurion mora na região do Fogo, mas ele não é só fogo também é natureza. Ele quer acabar com o cara do mal, todas as criaturas que foram pegas. O Rey é corajoso e se ele cair é só se segurar nos Espinhos. O Rey controla a criatura e o Tetsurion os mísseis.* **A:** – *O Tetsurion se parece com alguém?* **P:** – *Eu tenho um Tetsurion em casa. É o meu pai. Nós subimos na cacunda dele.* **A:** – *Bom, é preciso se unir ao pai para sobreviver!* **A:** – *E o Garra Voadora, quem te lembra?* **P:** – *Ele parece a minha mãe, ela também tem unhas grandes! Fim da história.*

Análise clínica:

Com os desenhos 1, 2 e 3 lembramos do que Dolto já nos dizia a respeito das questões sintomáticas e fantasísticas que estão presentes já nas primeiras sessões dos atendimentos[453]. Caio adianta através desta história o dilema fantasmático em que está *caído*, concernente a seus pais, o qual sente-se convocado a repetir, numa captura fantasmática. Nesses três desenhos utiliza o trabalho da condensação *verdichtung*, pois as imagens representadas no desenho são insuficientes para expressar o conteúdo, lançando mão do pensamento manifesto[454]. Através do pensamento manifesto e elaboração secundária, conta a história de um menino que tem uma capacidade especial, ele convoca e duela junto a criaturas fantásticas, numa luta denominada Kaijudô. O judô é um esporte de ataque e defesa, que na língua japonesa significa "caminho da suavidade". Se separar a palavra e substituir o k pelo c que tem a mesma sonoridade teremos **cai** – judô, melhor dizendo, é o caminho da suavidade que cai, que sofre a queda, este caminho que deveria ser o da subjetividade, o da trama dessa delicada rede subjetiva, da simbolização pulsional. Já nos primeiros desenhos esse caminho se mostra cheio de dificuldades para o menino.

---

[453] DOLTO, F. Rapport sur l'interprétation psychanalytique des dessins au cours des traitements psychothérapiques. *Revue Psyché*, n. 17, 1948.
[454] FREUD, S. [1900]. *In: Obras Completas*: A Interpretação dos Sonhos Parte 1. Rio de Janeiro: Imago, 1996. v. IV.

Percebemos o uso da sobredeterminação - überdeterminierung, pois um elemento desdobra-se em diferentes conteúdos latentes quando[455] Caio diz: "as criaturas agem sem pensar porque elas precisam ser dominadas". Nesses personagens condensa muitos sentidos, pois *as criaturas* se parecem com essa fúria não simbolizada dos pais e dele próprio, *a criatura* também nos faz pensar no pênis do menino, pois não foi *dominado*, *domesticado*, estando na vertente pulsional, uma vez que, conforme relato familiar, se masturba na sala, com todos em volta. A *criatura* ainda nos faz pensar nessa composição de *garra voadora*, que o *agarra* com seu erotismo e acaba deslocando para o Caio essa questão erótica. Não parece à toa que necessita se unir, identificando-se, agarrando-se nesse pai e *sobre* esse pai, conforme pode-se ver no nome Tetsuri-**on**, forma essa que parece ser a melhor saída para se livrar do incesto, pois é a cama dos pais que ocupa durante as ausências paternas. A função paterna proporciona à função materna um *não*, um obstáculo, enquanto mensagem num código que enuncia: "Não reintegrarás teu produto"[456]. O pensamento manifesto traz em seu conteúdo latente a posição Edípica na qual se encontra Caio, que mostra-se identificado a esse Tetsurion, criatura a qual se une, e que, detentora de seus próprios espinhos, se defende e controla seus mísseis, sua munição, para aplacar a fúria da Garra Voadora que tudo invade, seja a cidade ou ele mesmo. Lacan dirá que, neste terceiro tempo do Édipo, "o pai intervém como real e potente. Esse tempo se sucede à privação ou à castração que incide sobre a mãe, a mãe imaginada no nível do sujeito"[457]. Caio faz essa identificação com o pai pela virilidade, pelos espinhos, munições que possam armá-lo também para sobreviver à potência fálica materna.

---

[455] GARCIA-ROZA, L. A. *Introdução à Metapsicologia Freudiana*. 2. ed. Rio de Janeiro: Zahar, 1993.

[456] LACAN, J. [1957-1958]. Seminário livro 5. *As formações do Inconsciente, Os três tempos do Édipo*. Rio de Janeiro: Zahar, 1999a. p. 209.

[457] *Ibid.*, p. 201.

4.2.2 Segundo fragmento de sessão (doze meses após o início)

Desenho 4 – Bomb

Fonte: paciente Caio

P: – *Vou fazer outra história. Essa é a Bomba. Ela explode quando fica muito furiosa. A Bomba sai chutando tudo. O vermelho (aponta para a ponta do pavio), é o nível de raiva. Ela tem duas cores: uma simula a raiva, o preto, e a outra, o branco, simula o controle.*

Análise clínica após doze meses de atendimento:

Gostaria de iniciar com uma observação importante sobre este caso clínico. Quando Caio chegou para tratamento, ele apresentava um funcionamento psicótico, mas não uma estrutura psicótica, apresentando um imaginário muito engrandecido, que o fazia divagar, apresentando produções gráficas e narrativas diversas, que excedem o escopo desta demonstração metodológica. No entanto, ao longo dos dois anos de trabalho e do processo de elaboração proporcionado pelas intervenções da analista, ele começa a dar contorno ao Imaginário, o que produz alteração nos desenhos e relatos, que passam a se organizar na medida em que ele começa a produzir seguindo uma sequência lógica subjetiva, com início, meio e fim.

Esse Desenho 4 dá início a uma história sequencial, representada ao longo dos demais desenhos como livre associação e que vem acompanhado de outras queixas familiares, de que agora Caio, quando irritado, não conseguia se conter e ia a ato, ou quebrando algo ou brigando na escola. O paciente, por meio de seu pensamento manifesto e elaboração secundária, inicia a história nomeando-a de o *Bomb*, personagem que se refere a ele mesmo, dando conta dessa explosão que nele se acionava.

> Essa bomba tem "o lado branco e o lado preto": cabe aqui lembrar que Caio tinha *"brancos"*, pois os familiares relatavam que quando o chamavam, ele não respondia, como se tivesse *crises de ausências*, os chamados popularmente *brancos*. Notamos que representa graficamente duas partes separadas de um mesmo objeto, o que nos faz pensar na clivagem – *Spaltung* –[458], pois expõe a união dos contrários, ou é bom, ou é mau, ou é branco ou é preto. Mediante isso aponta para algo ainda primitivo em termos estruturais, parecendo projetar no personagem seu mundo interno, representando assim esse universo pulsional pouco simbolizado e demonstrando, por meio da sua instabilidade emocional, a dificuldade em tolerar a diferença.

---

[458] FREUD, S. ([1938]1940). *In: Obr*as Completas: Esboço de Psicanálise Item: A divisão do ego no processo de defesa. Rio de Janeiro: Imago, 1996b. v. XXIII.

Desenho 5

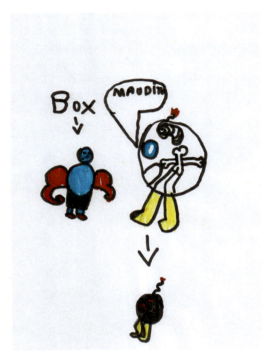

Fonte: paciente Caio

P: – *O pensamento da bomba passa de um lado para o outro* (do lado preto para o lado branco, aponta), *e às vezes ela trava. Se ela trava no preto, ela só fala coisas de raiva e se ela trava no branco, ela não faz nada de raiva e se controla.*

A: – *E tu? Estás mais para o preto ou para o branco?*

P: – *Estou mais para o branco!*

P: – *Aqui o desenho por dentro da bomba* (faz o cérebro, dentro da bomba, no desenho grande, em cima à direita), *"maldito"* (aponta que a bomba está de lado e que o maldito é do lado preto). *Vou fazer aqui um carinha* (na esquerda, o Box). *Depois dela explodir, ela fica pequena* (ilustração abaixo, em preto), *o cérebro encolhe, tudo encolhe, até passar 10 minutos, depois disso, ela começa a crescer novamente.*

Análise Clínica após doze meses de atendimento:

A partir de seu pensamento manifesto, nesse Desenho 5, percebo um conteúdo latente de cunho sexual, descrito abertamente quando Caio diz que, depois que a bomba explode, ela fica pequena, tudo encolhe e logo começa a crescer novamente. Vejo que representa a erótica de que já falei nos primeiros desenhos.

Desenho 6

Fonte: paciente Caio

P: – *O lado branco* (referindo-se à bomba) *é bom com as pessoas. A bomba está sorrindo* (desenho à direita) *por que o cérebro está no lado branco. "E aí, cara?".*

Outro personagem (desenho à esquerda): *é uma cobra homem: "E aí cara?". O "Box" é o R.* (diz o nome de um amigo e aponta para o desenho anterior, Desenho 5), *meu colega; e esse, o "Colle" é o G., outro colega* (diz o nome do outro amigo e aponta para o desenho da esquerda).

Análise clínica após doze meses de atendimento:

Se no desenho anterior pareciam estar latentes conteúdos sexuais, pois remetiam a uma cena de ereção e ejaculação, no Desenho 6 parece nascer um novo personagem, uma "cobra homem". Tenho dois desdobramentos para essa cobra homem: o primeiro concerne ao "tornar-se" homem, possuidor de uma cobra, como o pai; a segunda refere-se a uma dívida com à masculinidade, uma cobrança dirigida ao pai, o único capaz de interditar o desejo da mãe, intervindo como lei[459]. Ao desenhar, Caio identifica os sujeitos do diálogo, o que nos faz perceber a relação entre o desenho e o discurso. Assim, apesar de utilizar uma folha para cada "quadro" da história, ele não parece estar descomprometido com o que está produzindo.

---

[459] LACAN, J. [1957-1958]. Seminário livro 5. *As formações do Inconsciente, Os três tempos do Édipo*. Rio de Janeiro: Zahar, 1999a.

Desenho 7

Fonte: paciente Caio

P: – *O preto dele simboliza a mega fúria. Aqui as manchas de fúria* (desenho da esquerda, aponta para as manchas em vermelho que estão embaixo do preto). *Essa bomba é outro colega, é o K.* (segue apontando para a ilustração à esquerda, vermelho por baixo e preto por cima), *ele não tem amigos.*

A: – *E tu? Queres ser como o K.? Também não ter amigos?*

P: – *Eu não quero ser assim, eu ainda tenho muitos amigos. E tem outra coisa, as bombas têm pernas diferentes* (aponta para as pernas). *Cada uma tem um tipo, porque tem uns que não tem a chave do lado* (aponta para a parte amarela na lateral do desenho à direita). *A chave é conectada diretamente no cérebro. A bomba está triste por causa de um insulto, daí ela começou a ficar cinza* (indica o desenho da direita). *Ela* (a bomba) *se tocou que não é tão bom ficar explodindo a todo o momento.*

Análise clínica após doze meses de atendimento:

Nesse desenho, Caio segue representando os colegas com quem ele tem dificuldade em lidar, fazendo referência a outro amigo, que, segundo ele, não tem amigos. Aqui parece estar evidente a dificuldade que Caio encontra nas relações, ora tem amigos, ora não tem nenhum, pois o dito K., amigo novo, também o representa. Ele mostra-se, assim, nessa posição clivada – *Spaltung* –[460], é branco e é preto, tem amigos e não tem, associa uma série de amigos e logo a seguir, refletirá que não tem nenhum amigo, como se estivesse em meio a tanta gente, mas ficasse, no fim, sozinho. Vive um paradoxo, em que suas identificações parecem frágeis.

---

[460] FREUD, S. ([1938]1940). *In: Obras Completas*: Esboço de Psicanálise Item: A divisão do ego no processo de defesa. Rio de Janeiro: Imago, 1996b. v. XXIII.

Caio também traz outro elemento ao pensamento manifesto: as bombas têm pernas diferentes, o que sugere que o paciente reconhece a alteridade e, consequentemente, a diferença sexual. A partir dos desenhos, Caio parece tentar construir um movimento de contenção para si mesmo, ao reconhecer que "não é tão bom ficar explodindo a todo o momento", mostrando reconhecer a importância da tolerância, logo, da capacidade de suportar sua falta.

Desenho 8

Fonte: paciente Caio

P: – *Ela* (a bomba, representada à esquerda) *saiu a passear pensando* (balão ilustrando o pensamento à direita) *em todos os insultos que ela recebeu e deu até hoje. Então ela estava meio cinza* (desenho à esquerda), *estava com pensamentos do lado bom e do lado ruim. Do lado bom, ela pensou em ajudar os outros* (a bomba metade cinza, metade branca, desenhada dentro do balão, primeiro desenho de cima para baixo). *Ela estava ajudando o "Box" a levantar* (embaixo da bomba, dentro do balão, o segundo personagem, de cima para baixo, que está deitado no chão). *O cinza é quando ela está diminuindo o nível de raiva e o lado negro, ela pensou em dar um soco* (dentro do balão, ilustração da bomba com braços fortes, cinza escuro) *na cara do "Colle"* (último desenho a direita, o cobra homem do Desenho 6). *Ela* (a bomba) *pensou: "você devia ter sido mau com ele". Esse pensamento veio na cabeça dele, mas ele está fazendo força para que não vire realidade.*

A: – *E tu? Que pensamento queria?*

P: – *Eu não queria esse pensamento ruim, prefiro o outro.*

Análise clínica após doze meses de atendimento:

Percebo nesse desenho uma maior organização subjetiva, dando continuidade às ideias numa narrativa que aponta para uma evolução dos personagens e de si próprio. Nesse momento, já é possível pensar sobre "os insultos que ela recebeu e deu até hoje", o que expressa uma maior elaboração das pulsões, demonstrando já ser possível pensar a dor; assim, parece estar simbolizando melhor.

TRAÇO E ESCRITURA: A DIMENSÃO DO FANTASMA, DA FANTASIA NO DESENHO INFANTIL

Nesse desenho, representa o esboço de uma casa que, no próximo desenho, estará mais consistente, o que me leva a pensar nesses traços significantes que seguem o fio associativo e se revelam nos próximos desenhos. Aqui também tem a representação do que vem a ser um simbolismo[461], pois o pensamento da bomba se transforma em grande parte nesse desenho, como se fosse o desenho dentro do desenho, ou a outra cena dentro da cena. Mas ainda segue utilizando a projeção, pois parece projetar nos amigos aquilo que ele ainda tem dificuldade de elaborar internamente. É importante dizer que Caio ainda está engendrado no fantasma parental; lembre-se que os pais também têm surtos de ira, de raiva, brigavam na frente do filho. No plano ficcional, chama-me a atenção a expansão utilizada por Caio na representação gráfica, pois realiza um desenho em cada folha, numa expansão que também reforça o engendramento do fantasma dos pais.

---

[461] FREUD, S. [1900]. *In: Obras* Completas: A Interpretação dos Sonhos Parte 1. Rio de Janeiro: Imago, 1996. v. IV.

Desenho 9

Fonte: paciente Caio

P: – *Ela* (a bomba, desenhada à esquerda), *dentro da casa dela. Um fantasma bomba* (desenho à direita) *está sendo imaginado* (pela bomba). *E o fantasma diz: "Escolha..."* como se tivesse uma porta para ele escolher (representação das três portas, sendo duas à esquerda do fantasma imaginado e outra à direita). "Escolha a porta verdadeira...

A: – *Mas será que não há indicação na porta?*

P: – *"Se você não quiser escolher agora...", para o fantasma,* **Mau-Bom** *(código, língua própria dos fantasmas, diz ele) significa esquerda. E na verdade, a esquerda é bom.*

A: – *Então tu me dizes que enquanto tiver fantasmas indicando, é a mesma coisa que nada, porque não se entende a língua dos fantasmas. Precisamos de bombas que não sejam fantasmas.*

Análise clínica após doze meses de atendimento:

Nesta sequência, percebo que, para Caio, os desenhos são como um motor organizador, parecendo fazer, por meio deles, a organização dos processos fantasmáticos.

> Enquanto desenha, está fazendo suas próprias bordas, pois, como é um menino que fica muito à mercê da pulsão, depois que desenha, adquire capacidade de ir dosando essa energia pulsional – Trieb -[462] que encontra vazão através do desenho e da palavra. O paciente conta uma história em que há algo fixo, mas que não é uma fixidez, uma solidificação da impossibilidade de prosseguir. Vejo que ele está decodificando a língua para escolher a porta indicada pelo fantasma, parecendo representar de forma metafórica como é difícil estar em uma posição fantasmática que não reconhece como sua, é outro código. Através dos balões registra a representação da linguagem, o que parece um bom indício, pois separa a realidade do concreto. Apresenta figurabilidade e dramatização, pois apresenta as ideias como encenação[463].

---

[462] FREUD, S. [1905]. *In: Obras Completas*: Três Ensaios sobre a Sexualidade, Item: Sexualidade Infantil. Rio de Janeiro: Imago, 1996. v. VII.

[463] *Id.* [1900]. *In: Obras Completas*: A Interpretação dos Sonhos Parte 1. Rio de Janeiro: Imago, 1996. v. IV.

Desenho 10

Fonte: paciente Caio

P.S.: O fantasma imaginado do desenho anterior, segue falando sua língua e fazendo as charadas. Diz o paciente:

P: – *O que é, o que é, que voa, mas não tem pé? Uma asa delta*. Ele (o fantasma) está imaginando o pai e a mãe. Mas na casa de fantasmas, só imagina fantasmas. Foram os dois que inventaram a charada (desenhos representados à direta, um casal bomba de mãos dadas, a esquerda de chapéu e a direita de cabelos compridos, aponta). A resposta é **Não-Ná** (Isso na língua dos fantasmas. Na nossa língua corresponde a **asa delta**). *A bomba pode escolher entre tentar adivinhar a charada ou voltar lá e tentar adivinhar a porta, (representada na altura do balão, nas laterais da folha), sem saber a língua dos fantasmas. Aqui o Bomb está de costa* (desenho abaixo à esquerda).

A: – *Quando não se entende a língua, o código, tudo vira charada, tudo vira incógnita, tudo vira dúvida, não há indicação de nada.*

Análise clínica após doze meses de atendimento:

Aqui, ele continua o desenho anterior, parecendo lançar uma questão acerca do lugar que os pais ocupam para ele.

> Os pais não parecem aqueles que deveriam estar indicando os códigos éticos e morais, parecem enviar códigos que remetem a significantes incertos, ora mau/bom, ora não/na, que não remetem a uma significação que possibilite ao paciente amparar-se para encontrar uma amarração suficiente para que possa prosseguir, voar livre, como numa asa delta. A resposta da charada, a saída que Caio encontra, é *asa delta*, conforme definição do dicionário, refere-se a "essa armação triangular, coberta de tecido fino, com um trapézio no centro, onde o praticante de voo livre se prende e apoia"[464].

---

[464] FERREIRA, A. B. H. Aurélio: O dicionário da língua portuguesa. Curitiba: Positivo, 2008. p. 144.

Desenho 11

Fonte: paciente Caio

P: – *Outra charada: "Vai para o túmulo, mas não morre?".*

FAN ou **ZUM**? Ele escolhe **FAN** porque começa a entender a língua.

A: – *Mas entender a língua não corre o risco de virar fantasma?*

P: – *Ele precisou virar para entender o que estava escrito. Mas depois disso, ele iria se destransformar.*

A: – *Fantasma ou Bomb?*

P: – *Bomb!*

Análise clínica após doze meses de atendimento:

Nesse desenho, faz a escolha por *FAN*, que, em inglês, a partir do dicionário Collins[465], significa *adepto*. Ou seja, é como se ele estivesse sendo iniciado em uma *seita de fantasmas*. Por outro lado, *fan* também é a pronuncia de *fun*, diversão em inglês. Caio escolhe se divertir, com a promessa de não sucumbir à fantasmática familiar, dizendo que pode se "destransformar". Notei tal promessa de não sucumbir, pois, ao lado de *Fan*, iniciais do FAN/TASMA, tem um sinal negativo.

---

[465] COLLINS, H. *Dictionary English*-Portuguese. São Paulo: Distal, 2012. p. 122.

Desenho 12

Fonte: paciente Caio

P: – *A bomba* (desenho à esquerda) *virou um fantasma temporário. A porta está travada porque ele entrou e se transformou em fantasma. Então ele diz a resposta: NÃO-NÁ = Asa Delta. Quando ele diz a resposta, ele se destransforma. Os Fantasmas* (desenho do casal à direita) *não veem a porta, eles acham que podem entrar e sair por qualquer lugar.*
A: – *E quem precisa de porta?*
P: – *Nós humanos. Para nós é preciso que a porta esteja aberta, só assim a gente passa.*

Análise clínica após doze meses de atendimento:

Caio, por meio do pensamento manifesto e elaboração secundária, parece se dar conta de que esse fantasma tem relação com os pais e que é um lugar em que ele fica capturado, o que surge no conteúdo latente. Em outras palavras, ele aprende a língua, passa pelo deciframento da linguagem para compreender e poder sair disso, para se "destransformar", conforme diz. Parece que no fundo, ele sabe que aquilo que o faz padecer vem dos pais. Esse "Não-ná" da língua dos fantasmas sugere pensar que o *não* é a negação, enquanto o *na* é a preposição *em* + *a*, que faz referência a algum lugar, seja ele concreto ou abstrato. Assim, tenho com isso a negação de algum lugar, sugerindo-me ser esse lugar o de objeto outorgado pelo Outro, de captura no gozo do Outro.

Desenho 13

Fonte: paciente Caio

P: Ele sai da charada dos pais dele (desenho à esquerda) e vai para as portas, para escolher qual seguir (desenhos à direita e à esquerda, abaixo do primeiro balão). Ele escolhe a porta da esquerda porque o fantasma que está no lugar das portas (desenho grande a direita) disse a resposta. Assim que ele falou a resposta da charada.

Análise clínica após doze meses de atendimento:

Esse é o último desenho da história do fantasma imaginado, portador de uma língua inventada. Faz-se necessário esclarecer que essa outra língua não é a de Caio; é, segundo ele, uma invenção – "um fantasma está **sendo imaginado** pelo Bomb". Nesse contexto, ele propõe um jogo lúdico com o intuito de separar o fantasma da realidade, ou seja, ele não acredita nessa língua, tanto que a traduz e fala seu significado. No desenho, esse discurso está situado em uma formação do inconsciente parental, conteúdo latente ao qual está enredado, buscando compreender para poder se separar. Posso dizer que, diferentemente da construção delirante presente na psicose, como a apresentada no livro *Memória de um Doente dos Nervos*, de Schreber, em que o autor constrói um delírio rico em detalhes e cria uma língua fundamental, um alemão repleto de eufemismos, que somente as almas purificadas em estado de *beatitude* teriam acesso, servindo esta outra língua para poder falar com Deus[466]. Caio, apesar de ainda apresentar um excesso imaginário, já traz, mesmo que de forma incipiente, uma delimitação deste imaginário pelo simbólico.

---

[466] SCHREBER, D. *Memórias de um doente dos nervos*. São Paulo: Paz e Terra, 1995.

Acho necessário marcar essa diferença entre o que é *delírio* e o que é uma *invenção fantasística*. Schreber diz: "há anos *o sol fala comigo* em palavras humanas [...]"[467], ou seja, ele realmente fala com o sol. Em suas articulações delirantes, será sempre *uma mulher de Deus*, crendo que de fato, ali se engendra uma nova humanidade. Essa é a letra portada, essa letra inscrita pelo Outro, a qual portamos, e que na psicose, não pode ser lida. Lacan em *Subversão do Sujeito e Dialética do Desejo*, ao referir-se à pulsão – *Trieb* - como um "conhecimento que é admirado por não poder ser um saber"[468], alude a uma metáfora da pulsão, lembrando a história do escravo mensageiro, de áureos tempos, que fora tatuado no couro cabeludo enquanto dormia e trazia a mensagem de sua morte ao chegar em seu destino. Assim sendo, o sujeito não sabe "nem o sentido, nem o texto, nem em que língua ele está escrito"[469], estamos aqui na dimensão da *lalangue* e essa é a realidade no sujeito, o que o Outro inscreveu nele, não há possibilidade de ser lido, não há perguntas, há somente afirmações; Schreber seria *uma mulher de Deus*. Essa é a fixidez da letra que pertence ao real[470]. O que não se encontra na *invenção fantasística* de Caio, ele não crê no que inventa, mas necessita formular essa fantasia para elaborar o lugar que os pais lhe oferecem subjetivamente.

Jose Zuberman nos esclarece que na retórica do desejo (neurose) prevaleceria: "desejo, letra lida, significante, discurso, sintoma neurótico, inconsciente, representação de palavra, saber, retórica, crença"[471]. Já na psicose, encontraríamos a prevalência na gramática da pulsão: "letra portada, letra, linguagem, pulsão, delírio, isso, representação de coisa, gozo, gramática, certeza"[472]. O paciente parece estar, a partir de suas produções já mais simbólicas, na retórica do desejo.

Percebo sua evolução no processo de elaboração, o que indica que o paciente faz um atravessamento do fantasma parental, sendo isso o que Lacan virá a nos elucidar: o fantasma tem que ser *atravessado* para que se chegue a uma cura possível[473]. Outro aspecto que chama atenção nessa sequência de desenhos é a questão da castração simbólica, pois ele precisa renunciar a algo para acessar as portas. Ele escolhe qual porta necessita atravessar, renunciando a esse lugar de objeto narcísico, totalmente tomado pelo grande Outro, realizando uma escolha. Portanto, escolhe uma porta, não as duas.

O paciente, com a elaboração do personagem Bomba, faz uso da metonímia no próprio desenho, pois essas bombas também são cérebros com suas ramificações, é a parte que fala do todo, do tio com epilepsia.

---

[467] *Ibid.*, p. 35, grifo nosso.

[468] LACAN, J. [1960]. *Escritos*: Subversão do sujeito e dialética do desejo no inconsciente freudiano. Rio de Janeiro: Zahar, 1998. p. 818.

[469] *Ibid.*, p. 818.

[470] LACAN, J. [1955-1956]. Seminário livro 3. *As Psicoses, Do Não-senso, e da estrutura de Deus*. Rio de Janeiro: Zahar, 2002.

[471] ZUBERMAN, J. *A Clínica Psicanalítica*: Seminários na Clínica-Escola. Porto Alegre: Evangraf, 2014. p. 194.

[472] *Ibid.*, p. 194.

[473] LACAN, J. [1966-1967]. Seminário livro 14. *A lógica do fantasma*, lição 1 -10. Recife: Centro de Estudos Freudianos, 2017.

Desenho 14

Fonte: paciente Caio

P: O fim! Ele todo branco, festejando com seus amigos. Ele festeja por ter parado de ter raiva. Ele se transforma não numa bomba inofensiva, ele ainda pode se defender, mas sem atacar os outros a todo momento.

P.S. No desenho estava escrito: Bomb, este é o meu papel.

Análise clínica após doze meses de atendimento:

Nesse último desenho, ele festeja por se dar conta que é possível conviver socialmente com esses amigos, que encontrou após a travessia das portas, é possível se defender sem aniquilar o outro.

Cabe acrescentar que o paciente passou a utilizar mais o recurso da palavra para resolver dissabores, em vez de apresentar um transbordamento pulsional. Além disso, os demais sintomas desapareceram ao longo de mais alguns meses. Dessa forma, para concluir esse caso, é sempre bom que nos lembremos das palavras de Freud: "através da investigação psicanalítica é possível tornar consciente o esquecido e, desse modo, eliminar uma compulsão que provém do material psíquico inconsciente"[474].

Retomarei, a seguir, o mesmo modelo de formalização apresentado no caso anterior, o qual é nosso guia metodológico e de compreensão durante este trabalho.

---

[474] FREUD, S. [1905]. *In: Obras Completas*: Três Ensaios sobre a Sexualidade, Item: Sexualidade Infantil. Rio de Janeiro: Imago, 1996. v. VII. p. 178.

Tabela 6 – Grelha Metodológica Freudo-Lacaniana aplicada ao Caso Clínico 2

Grelha Metodológica Freudo-Lacaniana

Tempos de Subjetivação Edípicos e Construção no Desenho/Traço

Tempos de Subjetivação Edípicos	Predomínio do Registro	Desenho/Traço no Tempo Edípico
Ser o falo (Primeiro tempo)	Imaginário	
Ter o falo (Segundo tempo)	Imaginário	
Ter a falta (Início do terceiro tempo)	Simbólico	

Tempos de Construção do Fantasma na Fórmula e no Desenho/Traço

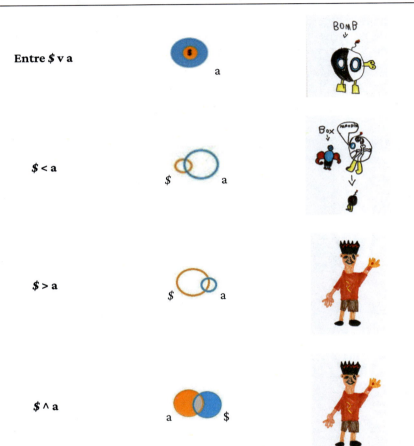

Tempo de Construção da Fórmula do Fantasma (Matema)	Representação Gráfica do Matema utilizando os Círculos de Euler	Desenho/Traço deste tempo de construção da Fórmula do Fantasma
Entre $ v a		
$ < a		
$ > a		
$ ∧ a		

Paradigma do Sonho
(Usaremos (P) ou (A) para demarcar a presença ou ausência dos mecanismos)

Cont. Latente (inc.)	Pens. Manifesto (consc.)	Desl./ Metonímia	Cond./ Metáfora	Elab. Secundária	Sobredeterminação	Figurab./ Dramatização
P	P	P	P	P	P	P

Fonte: Flesler (2012), Lacan ([1966-1967] 2017) e Freud ([1900] 1986)

A grelha apresentada é uma síntese ilustrativa do caso, na qual se evidenciam momentos subjetivos em que os tempos de estruturação se mesclam e, por um lado, assinalam algo mais primitivo, indiferenciado, até mesmo pré-genital e, por outro lado, elaborações bem diferenciadas, relativas à fase fálica, que apontam para questões sexuais. Cabe salientar que, muito embora os pais do paciente estivessem em busca de diagnósticos voltados à identificação de alguma patologia, não foi constatado nada orgânico em Caio, sendo suas questões de ordem exclusivamente sintomáticas. Saliento que esse é o tempo da infância, de estruturação, de aberturas e fechamentos, no qual a criança está entre uma posição e outra, na fantasmática dos pais, posições estas que se imbricam até de fato formalizarem-se subjetivamente. A queixa inicial das "ausências" estava ligada a uma via emocional atrelada à ideia de desaparecimento, de alienação, pois Caio tem funções parentais hostis, que se desqualificam.

Os três primeiros desenhos elaborados mostram uma passagem do segundo tempo do Édipo para o terceiro tempo, momento em que a criança se identifica com a função paterna pois, [...] é no nível do pai que começa a se constituir tudo o que depois será o supereu. [...]. É por intervir como aquele que tem o falo que o pai é internalizado no sujeito como Ideal do eu [...][475]. Com esse autor, percebemos que o pai está intimamente ligado ao nome, e é com o Nome-do-Pai que se faz a metáfora paterna, movimento essencial para a perda de um gozo, este refletido na ausência da escuta, gozo que o faz cair, desaparecer, pois o aniquila e o aliena. Lacan dirá:

> O pai simbólico é o nome do pai. Este é o elemento mediador essencial do mundo simbólico e de sua estruturação. Ele é necessário a este desmame, mais essencial que o desmame primitivo, pelo qual a criança sai do seu puro e simples acoplamento com a onipotência materna. O nome do pai é essencial a toda articulação de linguagem humana.[476]

No seminário *As Formações do Inconsciente*, Lacan abordará a função estruturante do complexo de Édipo, saliento a importância da alternância de lugares. A função do pai no Édipo é ser um significante substituto do primeiro significante que foi introduzido para a criança, a saber, o significante materno. Esse é o pilar da trajetória edipiana, pois o pai possui o

---

[475] LACAN, J. [1957-1958]. Seminário livro 5. *As formações do Inconsciente, Os três tempos do Édipo*. Rio de Janeiro: Zahar, 1999a. p. 201.

[476] *Id.* [1956-1957]. Seminário livro 4. *A relação de objeto*: Bate-se numa criança e a jovem homossexual. Rio de Janeiro: Zahar, 1995. p. 374.

que falta à mãe, ou seja, o falo, e este é o significante efetivo do desejo da criança. Portanto, será mediante a substituição do desejo da mãe pelo Nome-do-Pai que se terá, como resposta, uma metáfora. Melhor dizendo, ao substituir o desejo da mãe, o Nome-do-Pai se apodera, metaforicamente, daquilo que é o objeto de desejo materno, a saber, o falo.

Note que Caio encontra-se nesse movimento inicial em direção ao terceiro tempo do Édipo lacaniano, deixando de ser objeto de gozo do Outro, mas ainda convocado, pelo sintoma, a sê-lo. Seus pais também tinham crises de raiva e agressividade muito intensas; vemos isso se reeditar em Caio e, cada vez que explode como o Bomb, ele ocupa o lugar de gozo parental enquanto objeto, pois seus pais, também duas "bombas", sempre brigaram muito. Entendemos que Caio, à medida que desenha, vai inscrevendo o "Rey-Rei", assim nomeando o pai para poder sair desse lugar de objeto. É com o Nome-do-Pai que se faz a metáfora paterna, movimento essencial para a perda do gozo das ausências, um gozo que o faz cair, desaparecer. A partir da metáfora paterna, ele sai da alienação e deixa de ser mouco: surdo.

Percebo que, ao fim da história e da produção gráfica, iniciada por Caio numa posição muito imaginária; ele vai, por meio dos desenhos, se refazendo, apontando os freios, as travas, destacando o fantasma na história e, assim, saindo desse lugar de objeto pela vertente do real do gozo dos pais. Ocupa assim, outra posição, algo que fala muito mais de uma vertente simbólica do que imaginária. Posso dizer que Caio constrói os tempos de constituição subjetiva com as cores e personagens que utiliza, num primeiro tempo, o personagem Bomb é branco e preto, apontando para a divisão especular; depois, ele propõe um outro tempo, trazendo a cor cinza, no entanto, se dá conta que esse é o lugar da repetição e que esse tom o levaria ao preto. Ele parece, desta forma, abrir mão de um tempo em que ele é objeto do gozo do Outro para dizer justamente que ele não é nem uma coisa, nem outra. Mostra, assim, ter condição de se defender, porém, vai aos poucos entendendo que não precisa destruir para se defender, elaborando, a partir disso, com o Bomb branco, o terceiro tempo, no qual festeja a capacidade de estar conjugado no laço social e, com o Rey, a capacidade de identificar-se com o pai. Parece que, para Caio, os outros passam a existir no momento em que ele passa também a ter um estatuto mais subjetivado.

Na primeira parte da grelha, para a representação no desenho/traço dos tempos edípicos, elejo o Desenho 4, do Bomb, para o primeiro tempo – ser o falo –, pois ele representa seu lugar cativo como objeto de gozo do Outro, nessa posição Bom/Mau – ambivalente, que a função parental lhe engendra. Lacan dirá que "No primeiro tempo [...] o sujeito se identifica especularmente com aquilo que é objeto do desejo de sua mãe"[477]. Para o segundo tempo – ter o falo – vemos o Desenho 3, o Tetsurião com o Rey, pois conforme nos refere Lacan, este é o momento em que o pai surge como o que privará a mãe de seguir sendo "plena" para o filho. A função paterna retira a mãe deste lugar de ser a que supre a falta do filho, imprimindo a posição de lei[478]. Quanto a isso Lacan assegurará: "é na medida em que o objeto do desejo da mãe é tocado pela proibição paterna que o círculo não se fecha completamente em torno da criança e ela não se torna, pura e simplesmente, objeto do desejo da mãe"[479]. Percebo o início do terceiro tempo – ter a falta –, representado no desenho pelo menino inteiro Rey, que carrega uma marca, mancha ou furo na mão. No terceiro tempo, ocorre a identificação com o pai, que permitirá à criança o acesso ao mundo simbólico. Lacan dirá:

> É por intervir no terceiro tempo como aquele que tem o falo, e não que o é, que se pode produzir a báscula que reinstaura a instância do falo como objeto desejado da mãe, e não mais apenas como objeto do qual o pai pode privar.[480]

Na segunda parte da grelha, o desenho/traço dos tempos de construção da fórmula do fantasma lacaniano, as posições alternadas mostram-se no desenho. Percebo Caio na posição de alienação completa, na qual fica num lugar de não sujeito, no registro real, representado pelo personagem Bomb (Desenho 4), como dois que fazem parte de um só, duas cores em uma só bomba. Entendo a variação de posição na fórmula ao mostrar-se como objeto alienado, representado pelo desenho da bomba que explode e volta ao normal (Desenho 5). Em outro momento, intuo outra variação, agora na posição de separação, de sujeito, representado pelo Rey (Desenho 1), separado do Outro.

Nesse momento entendo que Caio está na fase fálica, no entanto apresenta pontos de fixação que remetem a uma organização sádico-anal, pois apresenta uma agressão mesclada à pulsão sexual[481]. Os mecanismos psíquicos presentes estão claramente representados na última parte da grelha.

---

[477] LACAN, J. [1957-1958]. Seminário livro 5. *As formações do Inconsciente*, Os três tempos do Édipo. Rio de Janeiro: Zahar, 1999a. p. 198.

[478] *Ibid.*

[479] LACAN, J. [1957-1958]. Seminário livro 5. *As formações do Inconsciente*, Os três tempos do Édipo. Rio de Janeiro: Zahar, 1999a. p. 210.

[480] *Ibid.*, p. 200.

[481] FREUD, S. [1905]. *In: Obras Completas*: Três Ensaios sobre a Sexualidade, Item: Sexualidade Infantil. Rio de Janeiro: Imago, 1996. v. VII.

4.3 Fantasia, Fantasma, Sonho e Desenho Infantil: Uma Tracitura

*Que é uma fantasia? É um pequeno romance de bolso que carregamos
sempre conosco e que podemos abrir em qualquer lugar sem que
ninguém veja nada nele, no trem, no café e mais frequentemente em
situações íntimas. Acontece
às vezes de essa fábula interior tornar-se onipresente... e, sem nos
darmos conta, interferir entre nós e nossa realidade imediata.*

(J.-D. Nasio)

Após apresentação dos casos clínicos, retomo uma das questões
norteadoras: qual é o lugar do desenho na constituição subjetiva de uma
criança, e o que é esboçado, traçado, quando se desenha? Busco articular,
a partir de um fio lógico, o que os desenhos nos mostraram.

Se entendemos com Dolto, que o desenho é um "autorretrato do inconsciente"[482], que a criança quando desenha, se desenha e, com Freud que "o eu é,
antes de tudo corporal e projeção de superfície"[483], tomo a folha de papel como
um "eu pele"[484], essa superfície – pergaminho, extensão do corpo –, na qual o
traço é inscrito, que outorga ao desenho um lugar constitutivo de mostração.
O desenho oferece espaço para que se monte uma outra cena para o sujeito,
assim como reconhecemos em uma cena onírica, cena que comporta aspectos conscientes e inconscientes da imagem corporal, da dinâmica pulsional
refletida nos traços e nas cores, das fantasias, dos traumas, das defesas, das
posições do sujeito frente ao Outro; ou seja, de tudo que configura o fantasma.
Nesse sentido, entendo que o desenho, assim como o sintoma, porta uma
formação de compromisso, sendo essas formações de compromisso entre o
desejo inconsciente e as exigências defensivas. Assim, por meio dos desenhos
e das suas verbalizações, pode-se identificar as idealizações, projeções, nega-
ções, compulsões, fixações, enfim, o que compõe o psiquismo de uma criança.

Nasio lembrará que a fantasia "é a encenação no psiquismo da
satisfação de um desejo imperioso que não pode ser saciado na realidade"[485], ela é a curta cena dramática que se repete e passa despercebida
pela consciência. Tais cenas, buscam "no sintoma, no sonho ou nos atos
cruciais da vida afetiva seus diferentes meios de expressão"[486].

---

[482] DOLTO, F. Rapport sur l'interprétation psychanalytique des dessins au cours des traitements psychothérapiques. *Revue Psyché*, n. 17, 1948, p. 324.

[483] FREUD, S. [1923]. *In: Obras Completas*: O Ego e i *Id*. Rio de Janeiro: Imago, 1996. v. XIX.

[484] ANZIEU, A.; BARBEY, L.; BERNARD-NEY, J.; DAYMAS, S. *Le Travail du dessin em Psychothérapie de l'enfant*.
Paris: Dunod, 1996.

[485] NASIO, J. *A Fantasia*. Rio de Janeiro: Zahar, 2007.

[486] *Ibid.*

Ao formular e analisar os casos, outra questão se fez presente: Lacan disse-nos que: "para fazer o fantasma, é preciso o prêt-à-le-porter"[487], ou seja, é necessário algo pronto para portá-lo, para vestir o que está à sua disposição. Partindo dessa ideia sobre o que porta um desenho, pergunto: o desenho poderia, por aproximação, ter um estatuto de *prêt-à-le-porter,* nessa perspectiva de suporte, de alguma coisa que dá sustentação? O desenho seria esse suporte, o *eu-pele, eu-pergaminho* para a criança? Poderia o desenho servir de tela, de quadro para o registro das questões subjetivas e fantasmáticas intrínsecas a cada um? Portaria o desenho signos da potencial subjetividade do sujeito na vida adulta? Penso em retomar os casos naquilo que compõe as questões fantasmáticas por meio das quais as crianças dos casos clínicos foram engendradas, conforme nos pautou Lacan em seu texto *Nota sobre a Criança.*

No caso do menino Bento, percebo que ele retrata seu dilema nos desenhos que fazem referência ao fantasma parental, um fantasma no qual responde até que formule o próprio, no final do Édipo. Bento, por meio dos desenhos, expressa o medo que sente desses pais que "eliminam" as crianças. Recordando a história clínica, o avô paterno obriga a avó a realizar um aborto, sendo também esse um fantasma que toca a Bento. Observe a homofonia entre "voz", escutada por ele, e "avós", uma ambiguidade que remete também às inscrições transmitidas, sua mãe tem o histórico de pais que realizam uma intervenção mortífera em sua existência. Entendo que é provável que a paranoia apresentada pelo pai de Bento tenha se acentuado a partir da fantasmática materna, sendo projetada na questão da faca, pois *o pai rondava a casa com a faca.* Como algo do Édipo não operou pela via simbólica, o menino fica entregue às questões imaginárias do Édipo. Nesse sentido, a faca ronda os desenhos porque ronda a ele. Observe, a partir das cifras dos traços expressos nos desenhos, esses personagens que vêm em sua direção com instrumentos cortantes e pontiagudos, retratados, por exemplo, nos elementos dos vampiros 3, 4 e 5. Esses desdobramentos dos traços promovem, clinicamente, movimento e deslocamentos em Bento.

Além disso, vemos por meio do sintoma de insônia que, permanecendo em vigília, expressa o medo de ser eliminado por seu pai, o que se evidencia quando diz: "Eu não conheço bem o meu pai!". Ou seja, o pai é um estranho, pois o pai, na fantasmática em que Bento está engendrado, tem relação

---

[487] LACAN, J. [1966-1967]. Seminário livro 14. *A lógica do fantasma, lição 1 - 10*. Recife: Centro de Estudos Freudianos, 2017. p. 16.

com a morte. Essas questões se apresentavam assim porque, para Bento, ele não estava se relacionando com a castração simbólica, o que lhe era apresentado era o pai do Imaginário e do real, conforme nos lembra Lacan, pois estava produzindo muito pouco pela via do simbólico[488]. As intervenções da analista, ao apontarem a Bento outras saídas, situando que é possível ocupar outro lugar que não só a cama da mãe, ou que o conforto dessa cama o afasta de outras possibilidades, fazem com que ele vá escolhendo, por meio do desenho e em um tempo próprio à elaboração edípica, outros caminhos. Para chegar a essas possibilidades, Bento precisou passar pelo "amorto", (há morto), pelo aniquilamento simbólico presente na fantasmática familiar, como se os homens dessa família não pudessem virar adultos, tornando-se em um determinado tempo, um homem. Bento parece atravessar esse fio da navalha, fazendo referência à necessidade de ser um homem a sobreviver, pois tem uma sequência de aniquilamentos do existir. Posso pensar que a saída da cama da mãe denota a operação de separação, a qual lhe permite deixar de ser a caça, como mostrado no Desenho 2, posição de objeto no fantasma parental. Tudo isto foi demonstrado anteriormente no trabalho, quando, a partir das intervenções clínicas, Bento vai respondendo por meio do desenho e se estruturando enquanto sujeito.

O ato de desenhar e a livre associação permitem a Bento abrir um espaço para além da folha de papel, o que transforma o elemento vigilante externo em um elemento simbólico, fundamental em sua estrutura. Vemos aí surgir o lugar simbólico do pai, que preconiza e ritualiza seu caminho e sua luta rumo à subjetivação. Ao passar para o papel suas questões no ato de desenhar, Bento retira-se do corpo da mãe para elaborar essas questões em outros *topos*. Para desconstruir esse espaço de gozo no corpo da mãe, ele constrói esse outro espaço no papel. Além disso, os objetos escolhidos para desenhar e verbalizar, pertencentes ao campo do real do gozo, acabam sendo passados para o papel, possibilitando a Bento, a partir daí, abrir mão deles. Só assim foi possível recalcar seus desejos incestuosos em relação à mãe, podendo separar-se dela, ou seja, desse espaço onde o predomínio do narcisismo o mantém cativo. É aí que o desenho possibilita a expressão desta necessidade de "matar", ofertando, por outro lado, que isto não ocorra de fato, mas sim, simbolicamente!

---

[488] LACAN, J. [1957-1958]. Seminário livro 5. *As formações do Inconsciente, Os três tempos do Édipo*. Rio de Janeiro: Zahar, 1999a.

Seguindo "à risca" a proposta inconsciente de Bento, não passa despercebido o "inchaço", edema sintomático mostrado traço a traço a partir do Desenho 3. Seguindo o que é dito e traçado nos próximos desenhos, vislumbro a abertura de um buraco, já anunciado no Desenho 4 (onde a bola-buraco ainda está do lado de fora), que, a partir do Desenho 5, é incorporado na dimensão de uma brocagem, efeito da análise, naquilo que vem a fazer furo no sujeito. Conforme entendemos com Lacan, propondo um canal de abertura[489], vazão que culmina com o esvaziamento mais pleno no Desenho 7. Seguindo o fio significante, da sangria, do que sai do corpo, do que se esvai do corpo, das orelhas em formato de lágrimas, dos dentes que vertiam sangue e de um corpo, cujos órgãos (orelhas do Desenho 1), também anunciavam um "sair para fora", culminando na necessidade de um canal para fazer fluir algo do excesso de gozo.

As produções de Bento, tendo em vista o traço, a cifra e a dimensão da *lalangue*, suscitaram a lembrança do texto de Freud *Leonardo da Vinci e uma Lembrança da sua Infância*, no qual ele analisa essa recordação e as fantasias que dela sucedem, bem como a expressão disso nos quadros do pintor. Eis a recordação:

> Parece que já era meu destino preocupar-me tão profundamente com abutres; pois guardo como uma das minhas primeiras recordações que, estando em meu berço, um abutre desceu sobre mim, abriu-me a boca com sua cauda e com ela fustigou-me repetidas vezes os lábios.[490]

Freud irá desdobrar essa fantasia e dirá: "o que a fantasia encerra é meramente uma reminiscência do ato de sugar – ou ser sugado – o seio de sua mãe"[491], cena representada por outros artistas e a partir da imagem da Mãe de Deus e seu filho. O autor seguirá a investigação acerca da fantasia sobre o abutre e concluirá que "nos hieróglifos do antigo Egito a mãe era representada pela imagem de um abutre"[492]. Vemos que Freud fará uma leitura do conteúdo latente da imagem recordada, que será posteriormente apresentada nos quadros do pintor, para falar-nos dos elementos que Leonardo põe na cena sem os dizer. Por exemplo, no quadro *Sant'Ana*

---

[489] LACAN, J. [1960]. *Escritos*: Subversão do sujeito e dialética do desejo no inconsciente freudiano. Rio de Janeiro: Zahar, 1998.

[490] FREUD, S. [1910]. *In: Obras completas*: Leonardo da Vinci e uma lembrança da sua infância. Rio de Janeiro: Imago, 1996. v. XI. p. 90.

[491] *Ibid.*, p. 94.

[492] FREUD, S. [1910]. *In: Obras completas*: Leonardo da Vinci e uma lembrança da sua infância. Rio de Janeiro: Imago, 1996. v. XI.

com dois Outros, Freud dirá em uma nota de rodapé que "no quadro que representa a mãe do artista, o abutre, símbolo da maternidade, é perfeita e claramente visível"[493]. Podemos ver abaixo que a primeira é a imagem original de Leonardo; a seguir, vemos a imagem em que aparece a observação de Freud, com a imagem do abutre contornada à volta do manto da virgem e por último, a figura invertida, com a imagem do abutre delineada:

Figura 36 – A Virgem e Menino com Santa Ana

Fonte: Da Vinci, ca. 1510

Figura 37 – Un souvenir d'enfance de Léonard de Vinci, de Sigmund Freud

Fonte: Capa do livro Un souvenir d'enfance de Léonard de Vinci, de Sigmund Freud, traduzido por Marie Bonaparte (1977). Paris: Gallimard.

---
[493] *Ibid.*, p. 121.

Figura 38 – Imagem invertida

Fonte: Figura aproximada e invertida, com o abutre demarcado, da capa do livro: Un souvenir d'enfance de Léonard de Vinci, de Sigmund Freud, traduzido por Marie Bonaparte (1977). Paris: Gallimard.

A partir das imagens dos quadros, posso dizer que a Figura 31, com a imagem original, retrata o pensamento manifesto; na Figura 33, com a imagem invertida, percebemos o conteúdo latente: o abutre repousando sobre uma das mulheres. Vemos aqui fundamentada a importância de ler, como nos sonhos, o conteúdo latente que está representado, mas não verbalizado, e de compreender que, onde existe uma produção intelectual ou artística, existe também um funcionamento psíquico que se expressa por meio dela.

A partir do segundo caso, é possível vislumbrar a própria teoria exposta no desenho. Caio, por apresentar os referidos "desligamentos", é engendrado na fantasmática parental: o medo dos pais de que Caio pareça com a familiar que tem crises de ausência e que é vista como desacreditada pela família. Esse é o fantasma que ele representa no desenho, com personagens que têm um código diferente do seu: só o desenho lhe permitirá averiguar o que querem os que lá se fazem presentes. No fundo, essa é a charada que necessita ser desvendada, ou seja, a de que seu familiar – a de que se faz presente por meio das crises de ausência e que representa o fantasma dos pais – está tomando o lugar de Caio e, de certa forma, sustentando-o.

Demonstrei também, com esse caso, que a intervenção da analista produz um corte e permite movimento no desenho, pois, na medida em que se intervém, é possível observar a modificação do que está em jogo, o que aponta para a importância da transferência. A partir das intervenções e do desenho, Caio faz uma borda nele e em cada um dos colegas: "é assim o G., é assim o R". Ele se desloca desse lugar fantasmático, e, a partir das suas produções, perceba que a intervenção da analista altera o desenho modificando a fala de Caio, o que irá aparecer nas imagens produzidas.

Entendi que Caio, com suas produções, respeita as características do simbólico, demonstrando ter inscrita uma temporalidade que lhe permite expressar-se verbalmente. É assim que as intervenções no registro simbólico o auxiliam nessa movimentação, permitindo que a incidência no registro do Imaginário e do Real vá diminuindo, já não tomando toda a dimensão do desenho. Intuí que Caio poderia estar em plena latência, mostrando-se apto para assumir com autonomia seu corpo e ter noção de público e de privado, porém, ele não conseguiu construir essas distinções, pois as questões fantasmáticas que o engendravam e a falta de indicação das funções parentais impediam o avanço da estruturação.

Gostaria de ressaltar na produção de Caio sobre o Bomb, o elemento fantasmático que aparece nas cenas, elemento esse que não é nomeado. Lembre-se que, por parte da família, havia uma busca por diagnóstico. Por fim, é possível ver, a partir da produção do Bomb, marcada por desenhos redondos e circulares, que recordam a anatomia cerebral – onde os pais suspeitam haver falha –, que o filho fica, inconscientemente, à sombra do familiar e de seu diagnóstico. Caio, por meio do desenho, parece recuperar essa neuroanatomia imaginária, dando a seu próprio cérebro um funcionamento que o habilite a sustentar o seu corpo em pé. A partir dos significantes oferecidos na análise, Caio vai desdobrando as possibilidades de formar histórias e desenhos, sendo esse elemento não verbalizado posto em cena. Encontram-se ali cabeças, cérebros, divisões e pânico, que parecem ser os poucos elementos disponíveis para que ele possa formar uma lógica de sua existência no mundo. Vejo também as composições que levam o menino a sentir-se próximo a um pai vitorioso e forte, como mostrado nos desenhos 1, 2 e 3, onde ele agrega uma certa condição de seres alados que o elevam, podendo assim identificar-se ao pai.

Caio, por meio da análise, constrói saídas para se organizar psiquicamente, e a partir do momento em que começa a associar e a produzir desenhos que vai destravando a porta, saindo da alienação, de objeto no matema do fantasma, abrindo mão do gozo com a mãe, restabelecendo o espaço com o pai e se organizando enquanto sujeito.

Até o momento, pude vislumbrar, por meio dos desenhos, a alternância dos tempos estruturais que cada criança necessitou revisitar e reconstruir, a partir de suas cifras, traços e marcas inconscientes, na dimensão da *lalangue*, traço a traço, fio a fio, em uma bela tracitura.

Até o momento, o trabalho realizado permitiu-me compreender como o desenho opera na estruturação psíquica propriamente dita. Se concordamos que o nó borromeano se arma na infância, ele também se arma por haver um tempo em que é possível organizar os três registros – Real, Simbólico e Imaginário – para que a criança tenha uma estrutura subjetiva que faça frente às exigências da vida.

O fantasma, o sonho, o desenho, a fantasia e o brincar são recursos para acessar o inconsciente, todos portam uma cena, um enredo e sua repetição; retratando o sujeito em posições distintas, ora como objeto, ora como sujeito, e demonstrando, assim, os tempos da estruturação na infância. Entendi que o desenho, além de ser um recurso de cunho elaborativo, tem um caráter de mostração, pois, como vimos nos casos clínicos, ele aponta para as operações psíquicas que foram, ou não, elaboradas pelo sujeito.

Figura 39 – Vestígio

Fonte: Zetti Toledo (2021)

TRACITURAS

Este estudo oportunizou um resgate histórico do desenho e do traço, partindo de seus primórdios na época paleolítica, anterior à escrita, quando servia de registro da vida em sociedade testemunho fiel da condição subjetiva humana sobre a Terra. Mediante as imagens desenhadas e traçadas nas paredes rochosas das cavernas primitivas, surgem verdadeiros diários dando conta de questões cruciais relacionadas à nossa origem – como marcas ancestrais presentificadas nos traços, movimentos e formas dos rituais e costumes –, assim como a nossa sobrevivência sobre a Terra.

Podemos considerar esses desenhos e traços como o nascimento do registro simbólico, presentes nos cinco continentes, conservando o caráter de organização cultural e revelando que não se pode prescindir do simbólico como guia. Inscrito desde a pedra, ele serve de recurso a ser acessado pela memória a qualquer tempo. Por esse ângulo, vale considerar uma certa "pré-história do simbólico", no sentido de uma estrutura rupestre do simbólico – uma estrutura cifrada – que está na perspectiva da *lalangue*, da marca, do código, da criptografia, dos hieróglifos, de *das Ding*, do traço, da pictografia, e do que vimos surgir na escrita do desenho.

Seguindo a mesma lógica, construí um panorama histórico sobre o uso do desenho e do traço na perspectiva da psicologia e da psicanálise, destacando as contribuições teóricas dos precursores que utilizaram o desenho enquanto recurso nos atendimentos, até os autores da atualidade. Tal construção permitiu ir delineando, traço a traço, a função dessa ferramenta, cuja importância elaborativa, tomada desde a análise de crianças, é correlata à associação livre, assim como o discurso é para o adulto, o desenho é para a criança.

A psicanálise de crianças se desenvolveu a partir dos fundamentos ofertados por Freud ao atender os adultos e detectar que os transtornos eram oriundos da infância. O horizonte da psicanálise de crianças foi adquirindo maior nitidez na medida em que novos teóricos foram surgindo e, nessa esteira, estipulou-se como método de trabalho o brincar, o desenhar e suas narrativas. Na medida em que eram utilizadas, essas formas de intervenção e manejo também eram apuradas, entendendo-se cada vez mais que a criança, ao desenhar, se desenha, se conta, necessitando de um meio que não seja apenas a palavra.

Com os teóricos contemporâneos do desenho, depreendi a profundidade que incide sobre o ato criativo do desenhar e traçar, sendo ele uma espécie de índice que revela os tempos de constituição de cada criança, mostrando, traço a traço, os tempos que não foram elaborados e a posição em que a criança está diante do Outro[494]. Constatei que o desenho e o traço oferecem uma passagem de um objeto "real" ao registro do "simbólico". Além disso, salientei a importância dos elementos cromáticos, dos traços repetidos, apagados, deslocados para outras partes do desenho e dos detalhes do grafismo, pois eles formam a leitura não só do que foi o pensamento manifesto da criança mas também do que concerne ao conteúdo latente.

Revisitei os principais tempos da constituição psíquica da criança, passando pelo momento pré-especular e pela formação dos narcisismos, para deixar clara a posição de que o bebê, ao nascer, é revestido pelo tecido pulsional que advém do Outro, um invólucro do desejo que transforma o "puro organismo" em "corpo subjetivado", traçado e, porque não, trançado, a partir da trança borromeana que vai se articulando e faz nó. Posteriormente, demonstrei a construção psíquica presente no desenho, perpassando os tempos de constituição do Édipo, que ocorrem em concomitância aos narcisismos, segundo Freud, e ao Estádio do Espelho, conforme Lacan. Para cada tempo, figuram-se diferentes elementos no desenho, o que nos leva a entender que a estruturação psíquica é uma resposta do sujeito a esses tempos, que podem ou não se instaurar, dependendo tanto do redirecionamento do desejo dos pais como da posição da criança, como clinicamente já havia constatado Flesler[495].

Assim, a partir dos casos, vislumbramos que a criança, ao desenhar, retoma e por vezes, reconstrói esses tempos constituintes, numa tentativa de elaboração daquilo que, por algum motivo, ficou frágil ou em suspenso. Em outras palavras, posso aqui dizer que a criança é desenhada pelo desejo do Outro para, só depois, traçar as linhas de seus próprios desejos.

Dando sequência ao trabalho, utilizei o paradigma do sonho para interpretar o desenho, pois entendo que os dois partem de uma imagem e do pensamento manifesto sobre estas imagens que trazem ocultos os

---

[494] FLESLER, A. *A Psicanálise de Crianças e o lugar dos pais*. Rio de Janeiro: Zahar, 2012.

[495] *Ibid.*

conteúdos latentes. Gosto de pensar que o sonho está para o sonhador e a narrativa do sonho para o sonho, como o desenho está para o traço psíquico e para o desenhista. Tanto o sonho quanto o desenho são recursos que propõem um trabalho de distorção do material inconsciente, sendo um meio que permite a projeção de conteúdo e a expressão do desejo. Por esse motivo, sugeri aproximar esses recursos, trabalhando-os na mesma perspectiva: a revelação do inconsciente com todos os processos e mecanismos que lhe dizem respeito. Concebi que a criança expressa, a partir e além da figuralidade, uma história composta por traços, ciframentos e símbolos, passíveis de condensações, deslocamentos e sobredeterminações. Portanto, assim como o sonho, o desenho onírico – ou seja, realizado em vigília – é revelador das fantasias, do fantasma e do sintoma, conforme constatamos nos casos apresentados.

Procurei assim, formalizar, por meio da psicanálise, uma metodologia de ciframento que abarcasse as questões teóricas, éticas e metodológicas relativas ao trabalho com o desenho, pondo em relevo o caráter de originalidade e cientificidade intrínseco à psicanálise. Para tanto, não poupei esforços em elaborar uma grelha metodológica que pudesse expor os tempos de constituição subjetivos e o seu registro no desenho, contemplando a representação desses tempos.

Ao aprofundar o conceito de fantasia em Freud, vimos que ele propõe uma universalidade das fantasmáticas que organizam a vida dos indivíduos. Independentemente das experiências pessoais, elas conservam questões que remetem à origem e são organizadoras de mitos, sejam eles sociais ou culturais, sustentando a estrutura que nos humaniza pela característica de acervo filogenético que nelas se fazem presentes. Assim, é possível revisitar a história de uma cultura por meio dos conteúdos fantasísticos presentes em suas narrativas. Além disso, vimos que elas também são originadas da combinação inconsciente a partir do que vemos ou ouvimos, realizando os desejos inconscientes e presentificando-se na formação dos sintomas.

Vimos que Lacan avança na elaboração freudiana, a partir do texto de 1919, e propõe ler essa fantasia sob o matema $\$<>a$, conforme vimos no transcorrer deste trabalho. Com base nos estudos de casos apresentados, depreendi que, para que a criança formule seu próprio fantasma, necessita estar assujeitada ao fantasma do Outro, sendo essa a condição de sua subjetivação, ou seja, ela se assujeita para, ao sair dessa posição, tornar-se sujeito. Assim, ao estar na posição de alienação em relação ao

Outro, a criança é convocada a ser gozada, a se deixar gozar por esse que a convoca. Em contrapartida, quando a separação, a criança formula seu próprio fantasma, a partir da saída do Édipo, armando seu próprio nó RSI.

A partir do desenho, tem-se a possibilidade de ler o fantasma que está em jogo, pois o desenho carrega esse caráter de mostração, indicando se a fantasmática provém do lado materno ou paterno. Além disso, o desenho revela, a partir de seu quadro, as operações que ficaram frágeis ou que não aconteceram psiquicamente. Cada criança tem o seu estilo de mostrar o fantasma: o estilo do sujeito. separado do Outro, e o estilo do Outro, no qual está engendrada, ocupando a posição de objeto e estando alienada ao desejo desse Outro.

Relanço a questão: afinal, o que está em jogo no fantasiar? Penso que, mais do que a tentativa de encontrar um sentido, o que está em questão no fantasiar é a montagem da estrutura única e singular de cada um. Ou seja, é encontrar um lugar para além do Outro e ser capaz de se tornar o protagonista de sua própria história, ocupando um lugar de sujeito.

Observamos que, perante a apresentação das histórias clínicas e dos casos, o sintoma se organiza em torno do fantasma. Portanto, se no adulto, cuja constituição psíquica já está constituída, o sintoma faz falar sob o efeito da transferência, na criança em constituição psíquica vimos que o sintoma faz brincar, encenar, modelar e desenhar. Assim, o desenhar, o fantasiar e o brincar são modos de expressão do fantasma, que está associado ao sintoma. O sintoma provém de um fantasma, melhor dizendo, numa análise parte-se do sintoma – aquilo que é trazido primeiramente pelo paciente – para chegar à formulação do fantasma. Quanto mais a criança ocupa a função de objeto, mais o fantasma provém do Outro, daquele que exerce as funções parentais, por outro lado, quanto mais na posição de sujeito está a criança, mais o fantasma advém do efeito da castração simbólica.

Entendo que o desenho permite que, a partir do traço, marque-se um distanciamento em relação ao Outro, pois, a criança ao enunciar "este é o pai", ou "esta é a avó", ou a "mãe" enquanto desenha, encontra por meio da representação uma saída para além do corpo físico, do organismo-biológico e do lugar de falo materno. Quando a criança começa a representar, já existe um indício dessa separação do corpo. O desenho permite perceber os tempos de construção subjetiva das crianças, e pode, quando em transferência, servir de ferramenta para o trabalho direto com o sintoma apresentado pela criança em análise, trazendo à luz a dinâmica psíquica que o justifica. A partir desse recurso, torna-se possível o deslizamento de pontos de fixação que impedem ou limitam a estruturação psíquica. Notei que o desenho promove a projeção, pois, no ato de desenhar, encontram-se implícitas questões oriundas do inconsciente, sendo um autorretrato do mesmo podendo servir de matéria prima para a orientação do analista na direção da cura.

A partir do desenho, a criança se lança para além de si, podendo, enfim, por meio de traços, demarcar um limite subjetivante que vá mais além do Outro. Com grafites e aquarelas, linhas e curvas, estamos diante do momento mais belo do desenho: a passagem do traço, da cifra e da marca para a representação simbólica, o traço apagado do significante, que funda o recalcamento "numa folha qualquer". Parafraseio aqui o poeta e compositor brasileiro Toquinho, na canção *Aquarela*, de quem tomo estes versos em sua totalidade poética: "Numa folha qualquer, eu desenho um sol amarelo e com cinco ou seis retas é fácil fazer um castelo..., corro o lápis em torno da mão e me dou uma luva e se faço chover, com dois riscos tenho um guarda-chuva... vai voando, contornando a imensa curva norte-sul, vou com ela viajando Havaí, Pequim ou Istambul, vamos todos, numa linda passarela, de uma aquarela que um dia enfim, descolorirá...."

A beleza e a efetividade das quais o desenho se faz portador estão traduzidas na poesia de Toquinho. A partir do ato de desenhar, é possível criar, com alguns riscos e traços, algo que proteja a criança do mau tempo da vida, que a jogue em outra cena, com outros recursos psíquicos. Entre um traço e outro, sob a proteção de um guarda-chuva e a partir da fantasia, ela consegue ir adiante, seja para o "Havaí, Pequim ou Istambul", com a promessa de que sua aquarela possa um dia se descolorir, inaugurando a passagem do traço para a representação simbólica. Esse momento fundante, numa espécie de *tracitura*, marca o instante em que traço e escritura promulgam o momento estruturante de sua existência.

POSFÁCIO

Com Freud, inaugura-se de um modo totalmente inédito o *ethos* do inconsciente, concernente ao sujeito falante e, especialmente, seu constante estatuto manifesto onde quer que sua incidência se dê (sonho, sintoma, chiste, repetição, ato falho): a **Outra cena**. Esta cena Outra, a se operacionalizar a cada passo da análise, é síncrona ao momento em que o Dr. Freud é descolado da posição de mestre, que sua tradição cientificista o destinava a ocupar. Essa descolagem, por sua vez, só foi possível como efeito da intervenção da histérica que, por força de sua vocação estrutural a desatar o desejo da demanda, lhe ordena silenciar-se e colocar-se a ouvir. Sabemos que todas essas circunstâncias fundantes compõem devidamente o zênite de *A Interpretação dos Sonhos*, a partir de onde somos levados, enquanto psicanalistas, a nos colocar no trabalho – aliás, a causar o trabalho de torcer a obviedade da representação que se impõe nos discursos. A prática psicanalítica, portanto, é da ordem de uma interpelação que, por meio da curvatura, do giro e da torção, franqueia a rota para uma verdade Outra: da imagem ao seu avesso inédito, da figuração ao seu efeito de dobra, ali onde o sujeito é subvertido e o objeto ativo, como diria Lacan.

Fazendo jus a todas as páginas do livro que acabamos de ler, salta aos olhos que é preciso ir além do aspecto representacional que está posto no ato de desenhar. A clínica infantil não é somente uma clínica do desenho (e de todos os avatares do lúdico que aí possam se colocar), mas uma clínica com o desenho: o desenho enquanto materialidade, comportando uma articulação complexa entre o sujeito e o objeto.

O inconsciente e seus traços, por conseguinte, requerem o revirão. Daí podemos ter uma localização mais precisa do sujeito que essa experiência transferencial – a psicanálise – convoca desde o início e de maneira constante. Este sujeito que se mostra na báscula, na curvatura, na inflexão, no oxímoro que perturbam a aparente (e enganosa) quietude de uma linha reta. Os desenhos e a clínica, os desenhos na clínica: correlatos ininterruptos do aforismo lacaniano, fértil em rotações torcidas e mobilidades trançadas, "terei sido para aquilo em que estou me transformando", tão presente na clínica a ponto de ser uma marca ubíqua do ofício do psicanalista.

Que o leitor consiga se nortear pelo farol deste livro: os desenhos ultrapassam o representacional, o imagético, o figurativo. A cuidadosa argumentação de Flávia Toledo materializa essa *poiesis*, passando pelo essencial do desbastamento que se faz imprescindível, caso estejamos eticamente comprometidos com um desejo que não se degrade em demanda: da representação ao traço, da imagem ao rastro escópico, da figuração à boçoroca que sulca – temos o osso da estrutura. É isso que as páginas, os traços e as escrituras, logo, as traçuras deste livro de fôlego nos mostram. Mostrar, aqui, no sentido do *monstrum*: o apontamento que comporta a junção do conhecido, do reconhecido, do estampado no espelho com o ex-tampado, com aquilo que há de *tératos*, de estrangeiro, de infamiliar. Essa é a estrutura, esse pó rupestre que escutamos na escuta de Flávia Toledo. Em suma, trata-se da articulação entre dois polos sem os quais não há experiência que seja psicanalítica: o sujeito (tão recorrente nas formulações emblemáticas de nossa prática) e o objeto (sempre oblíquo, de soslaio, levemente desfocado e fugaz).

A leitura deste livro nos leva a verificar, tal qual um holograma, a base da experiência analítica já traçada por Freud, quando, em diálogo com da Vinci e seus traços, coteja a psicanálise com duas outras artes: a pintura e a escultura, localizando aí dois vetores, dois processos: *per via de porre, per via de lavare*. Freud optou por localizar o bisturi analítico nesta segunda via. É na dissecação, no decréscimo e na soma de extrações que a trilha analítica se desdobra. Aqui, estamos em convergência com o processo visível na litografia *El toro*, de Picasso, de 1945: em uma série de cortes e extrações, circum-navegamos da ilustração ao traço, da imagética à letra, do mostrado ao objeto-olhar, do desenho ao estilo. É precisamente neste traçado que encontramos o vetor da análise que comporta, sempre, a transição da linguagem para *lalangue*, o que é equivalente a dizer, junto a Freud, que o sonho merece ser escutado não como uma ilustração, mas como um rébus. Em que medida a transição da linguagem para *lalangue* nos é materializada pelo desenho e o ato de desenhar? Eis aqui uma indagação que o texto de Flávia nos deixa como legado.

Desejo que o trabalho em progresso de Flávia de Toledo dialogue com as possibilidades e com as urgências da psicanálise em nossa contemporaneidade, na qual temos de estar cada vez mais atentos à dobradiça entre a imagem já dada das identificações, do narcisismo e da Lei e o traço-na-areia-litorânea encarnado pelos *gadgets*, pelo hiper-virtual, pelo digital, que, percebamos, habita a nossa carne subjetiva.

Figura 40 – El Torro, Picasso, 1945

Fonte: Picasso (1945)

Belo Horizonte, 24 de dezembro de 2020.

Alexandre Simões
Psicanalista, mestrado e doutorado em Teoria Psicanalítica (UFMG), docente da Universidade do Estado de Minas Gerais (UEMG) e do Curso de Pós-graduação em Clínica Lacaniana do Instituto ESPE.

REFERÊNCIAS

ABERASTURY, A. *Psicanálise da criança*: Teoria e Técnica. Porto Alegre: Artmed, 1982.

ANZIEU, A.; BARBEY, L.; BERNARD-NEY, J.; DAYMAS, S. *Le Travail du dessin em Psychothérapie de l'enfant*. Paris: Dunod, 1996.

ANZIEU, A.; PREMMENEUR, C. A.; DAYMAS, S. *Le jeu em psychothérapie de l'enfant*. Paris: Dunod, 2000.

ARCANDIOLI, A. M. Introdução a obra de Winnicott: Vida e Obra. *In:* NASIO, J. *Introdução às obras de Freud, Ferenczi, Groddeck, Klein, Winnicott, Dolto, Lacan*. Rio de Janeiro: Zahar, 1995. p. 181-201.

ARFOUILLOUX, J. C. *A entrevista com a criança*. Rio de Janeiro: Zahar, 1980.

AVELLAR, L. Z. *Jogando na análise de crianças*: Intervir-Interpretar na abordagem Winnicottiana. São Paulo: Casa do Psicólogo, 2004.

BENHAÏM, M. *Amor e ódio:* a ambivalência da mãe. Rio de Janeiro: Companhia de Freud, 2007.

BERNARDINO, L. *As Psicoses Não-Decididas da Infância*: Um Estudo Psicanalítico. São Paulo: Casa do Psicólogo, 2004.

BETTELHEIM, B. *A psicanálise dos contos de fadas*. Rio de Janeiro: Paz e Terra, 1980.

BIESA, A.; DVOSKIN, H. *El médio Juego*: La práxis psicoanalitica, esa pasión lógica. Buenos Aires: Letra Viva, 2005.

BOORSTIN, D. *Os Criadores* – Uma história dos heróis da imaginação. Lisboa: Gradiva, 1993.

BROUSSE, M.-H. *et al. A fórmula do fantasma? $<>a*. Em Miller, G. Lacan. Rio de Janeiro: Zahar, 1999.

BRUEHL, E. Y. *Anna Freud*: uma biografia. Tradução de Henrique de Araújo Mesquita. Rio de Janeiro: Imago, 1992.

CAMAROTTI, M. O nascimento da psicanálise de criança: uma história para contar. *Reverso*, Belo Horizonte, v 32, n. 60, p. 49-54, set. 2010. Disponível em http://pepsic.bvsalud.org/scielo.php?script=sci_arttext&pid=S0102-73952010000300007. Acesso em: 26 dez. 2018.

CELIS, D. M.; BOTIVA, A. *Contreras rupestreweb@yahoo.com*. Adaptação do texto e gráficos originais do Manual de Arte Rupestre de Cundinamarca. Bogotá: Governo de Cundinamarca-ICANH, 2004. Los Hermanos iluminados. Disponível em: www.rupestreweb.info/introduccion.html Acesso em: 2 jan. 2019.

CELIS, D.; CONTRERAS, A. Original do Manual de arte rupestre de Cundinamarca. *RupestreWeb*, [s. l.], 2004. Disponível em: www.rupestreweb.info/introduccion.html. Acesso em: 4 fev.2019.

COGNET, G. *Compreender e Interpretar Desenhos Infantis*. 2. ed. Petrópolis: Vozes, 2014.

COLLINS, H. *Dictionary English-Portuguese*. São Paulo: Distal, 2012.

DOLTO, F. Rapport sur l'interprétation psychanalytique des dessins au cours des traitements psychothérapiques. *Revue Psyché*, Paris, França, n. 17, p. 324-346, 1948.

DOLTO, F. *Psicanálise e Pediatria*. Rio de Janeiro: Zahar, 1980.

DOLTO, F. e J.-N. *A Criança do Espelho*. Rio de Janeiro: Zahar, 2008.

DOLTO, F. *Seminário de Psicanálise de Crianças*. São Paulo: Martins Fontes, 2013.

DONIZ, L. *Jugar, dibujar, escribir*: Psicoanálisis com niños. Rosario: Homo Sapiens, 1998.

FENDRIK, S. *Ficção das Origens*. Porto Alegre: Artes Médicas, 1991.

FENDRIK, S. *Psicoanalistas de Niños*: La Verdadeira Historia. Buenos Aires: Letra Viva, 2004.

FERREIRA, A. B. H. *Aurélio:* o dicionário da língua portuguesa. Curitiba: Positivo, 2008.

FLESLER, A. As Intervenções do analista. *In: O infantil na Psicanálise*. Porto Alegre: Appoa, 2011a.

FLESLER, A. *El niño em análisis*: y las intervenciones del analista. Buenos Aires: Paídos, 2011b.

FLESLER, A. *A Psicanálise de Crianças e o lugar dos pais*. Rio de Janeiro: Zahar, 2012.

FREUD, A. *Infância Normal e Patológica*. Rio de Janeiro: Zahar, 1971.

FREUD, S. [1900]. A interpretação dos sonhos. Parte I. *In: Obras completas*. Rio de Janeiro: Imago, 1996a. v. IV. p. 15-363.

FREUD, S. [1901]. A interpretação dos sonhos. Parte II. *In: Obras completas*. Rio de Janeiro: Imago, 1996b. v. V. p. 371-700.

FREUD, S. [1923]. A organização genital infantil: Uma interpolação na teoria da sexualidade. *In: Obras completas*. Rio de Janeiro: Imago, 1996c. v. XIX. p. 155-161.

FREUD, S. [1920]. Além do princípio do prazer. *In: Obras completas*. Rio de Janeiro: Imago, 1996d. v. XVIII. p. 13-75.

FREUD, S. [1909]. Análise da fobia de um garoto de cinco anos: "O Pequeno Hans". *In: Obras completas*. São Paulo: Companhia das Letras, 2015a. v. 8. p. 123-284.

FREUD, S. [1915]. Artigos sobre metapsicologia. *In: Obras completas*. Rio de Janeiro: Imago, 1996e. v. XIV. p. 111-222.

FREUD, S. [1917]. As transformações do instinto exemplificadas no erotismo anal. *In: Obras completas*. Rio de Janeiro: Imago, 1996f. v. XVII. p. 133-141.

FREUD, S. [1919]. Batem numa criança: Contribuição ao conhecimento da gênese das perversões sexuais. *In: Obras completas*. São Paulo: Companhia das Letras, 2010a. v. 14. p. 293-327.

FREUD, S. [1916-1917]. Conferência XXIII, Os caminhos da formação dos sintomas. *In: Obras completas*. Rio de Janeiro: Imago, 1996g. v. XVI. p. 361-378.

FREUD, S. [1915-1917]. Conferências introdutórias sobre psicanálise, parte I e II. *In: Obras completas*. Rio de Janeiro: Imago, 1996h. v. XV. p. 25-228.

FREUD, S. [1906]. Delírios e sonhos na Gradiva de Jensen. *In: Obras completas*. v. IX. Rio de Janeiro: Imago, 1996i. p. 15-88.

FREUD, S. [1938]. Esboço de psicanálise. Item: A divisão do ego no processo de defesa. *In: Obras completas*. Rio de Janeiro: Imago, 1996j. v. XXIII. p. 291-296.

FREUD, S. [1938]. Esboço de psicanálise. Item: A teoria dos instintos. *In: Obras completas*. Rio de Janeiro: Imago, 1996k. v. XXIII. p. 161-164.

FREUD, S. [1895]. Extratos dos documentos dirigidos a Fliess, carta 69 de 21 de setembro de 1897. *In: Obras completas*. Rio de Janeiro: Imago, 2006a. v. I. p. 309-311.

FREUD, S. [1895]. Extratos dos documentos dirigidos a Fliess, carta 73 de 31 de outubro de 1897. *In: Obras completas*. Rio de Janeiro: Imago, 2006b. v. I. p. 318.

FREUD, S. [1908]. Fantasias histéricas e sua relação com a bissexualidade. *In: Obras completas*. São Paulo: Companhia das Letras, 2015b. v. 8. p. 339-349.

FREUD, S. [1914]. História de uma neurose infantil "O homem dos lobos". *In: Obras completas*. São Paulo: Companhia das Letras, 2015c. v. 14. p. 13-160.

FREUD, S. [1925]. Inibição, sintoma e ansiedade. *In: Obras completas*. Rio de Janeiro: Imago, 1996l. v. XX. p. 81-167.

FREUD, S. [1915]. Instintos e seus destinos. *In: Obras completas*. São Paulo: Companhia das Letras, 2010b. v. 12. p. 51-81.

FREUD, S. [1914]. Introdução ao narcisismo. *In: Obras completas*. São Paulo: Companhia das Letras, 2010c. v. I. p. 13-50.

FREUD, S. [1910]. Leonardo da Vinci e uma lembrança da sua infância. *In: Obras completas*. Rio de Janeiro: Imago, 1996m. v. XI. p. 67-141.

FREUD, S. [1911]. Notas psicanalíticas sobre um relato autobiográfico de um caso de paranoia - Dementia Paranoides: Sobre o mecanismo da paranoia. *In: Obras completas*. Rio de Janeiro: Imago, 1996n. v. XII. p. 15-96.

FREUD, S. [1932]. Novas conferências introdutórias sobre psicanálise. *In: Obras completas*. Rio de Janeiro: Imago, 1996o. v. XXII. p. 13-154.

FREUD, S. [1923]. O ego e o id. *In: Obras completas*. Rio de Janeiro: Imago, 1996p. v. XIX. p. 15-51.

FREUD, S. [1908]. O escritor e a fantasia. *In: Obras completas*. São Paulo: Companhia das Letras, 2015d. v. 8. p. 325-338.

FREUD, S. [1901]. O esquecimento dos nomes próprios. *In: Obras completas*. Rio de Janeiro: Imago, 1996q. v. VI. p. 19-25.

FREUD, S. [1915]. O inconsciente. *In: Obras completas*. Rio de Janeiro: Imago, 1996r. v. XIV. p. 165-222.

FREUD, S. [1915]. Os instintos e suas vicissitudes. *In: Obras completas*. Rio de Janeiro: Imago, 1996s. v. XIV. p. 117-144.

FREUD, S. [1895]. Projeto para uma psicologia científica, psicopatologia. Parte II. *In: Obras completas*. Rio de Janeiro: Imago, 2006c. v. I. p. 401-413.

FREUD, S. [1895]. Projeto para uma psicologia científica. Item 11: A experiência de satisfação. *In: Obras completas*. Rio de Janeiro: Imago, 2006d. v. I. p. 369-371.

FREUD, S. [1895]. Projeto para uma psicologia científica: Rascunho M, notas II: A fantasias. *In: Obras completas*. Rio de Janeiro: Imago, 2006e. v. I. p. 301-302.

FREUD, S. [1914]. Repetir, recordar e elaborar: Novas recomendações sobre a técnica da psicanálise. *In: Obras completas.* Rio de Janeiro: Imago, 1996t. v. XIV. p. 161-171.

FREUD, S. [1912-1913]. Totem e tabu. *In: Obras completas.* Rio de Janeiro: Imago, 1996u. v. XIII. p. 13-162.

FREUD, S. Três ensaios sobre a sexualidade. Item: Sexualidade infantil. *In: Obras completas.* v. VII. Rio de Janeiro: Imago, [1905] 1996v. p. 119-231.

FREUD, S. [1915]. Um caso de paranoia que contraria a teoria psicanalítica da doença. *In: Obras completas.* Rio de Janeiro: Imago, 1996w. v. XIV. p. 271-279.

FREUD, S. [1924]. Um estudo autobiográfico. *In: Obras completas.* Rio de Janeiro: Imago, 1996x. v. XX. p. 11-78.

FREUD, S. [1919]. Uma criança é espancada: Uma contribuição ao estudo da origem das perversões sexuais. *In: Obras completas.* Rio de Janeiro: Imago, 1996y. v. XVII. p. 193-218.

GARCIA-ROZA, L. A. *Introdução à Metapsicologia Freudiana.* 2. ed. Rio de Janeiro: Zahar, 1993.

GASPAR, M. *A arte rupestre no Brasil.* Rio de Janeiro: Zahar, 2003.

GAY, P. *A Biografia definitiva, Freud:* Uma vida para o nosso tempo. São Paulo: Companhia das Letras, 1912.

HERZOG, W. *Documentário:* A caverna dos Sonhos Esquecidos. [*S. l.: s. n.*], 2010. 1 vídeo (1h e 35min). Disponível em: http://www.adorocinema.com/filmes/filme-185189/. Acesso em: 20 dez. 2018.

HOFFMANN, D. *et al.* Uso simbólico de conchas marinhas e pigmentos minerais pelos neandertais ibéricos há 115.000 anos. *Science Advance,* [*s. l.*], v. 4, n. 2, eaar5255, 2018. Disponível em: https://advances.sciencemag.org/content/4/2/eaar5255. Acesso em: 25 dez. 2018.

JANSON, H. W.; JANSON, A. *Iniciação à História da Arte.* São Paulo: Martins Fontes, 1996.

JEANVOINE, M. Nó Borromeu. *In: Dicionário de Psicanálise Freud e Lacan.* Salvador: Ágalma, 1997.

JERUSALINSKY, A. C. *Psicanálise e Desenvolvimento Infantil*. 2. ed. Porto Alegre: Artes e Ofício, 1999.

JERUSALINSKY, A. *Seminários II*. São Paulo: USP, 2002.

JERUSALINSKY, J. *A criação da criança*. Salvador: Agalma, 2011.

KLEIN, M. [1953]. A técnica psicanalítica através do brincar: sua história e significado. *In:* KLEIN, M. *Inveja e gratidão e outros trabalhos*. Tradução de L. P. Chaves *et al*. Rio de Janeiro: Imago, 1991. p. 150-168.

LACAN, J. *Seminário livro 20:* Rodinhas de Barbante. Rio de Janeiro: Zahar, 1985. p. 164.

LACAN, J. *Escritos:* O tempo lógico e a asserção de certeza antecipada. Um novo sofisma. Rio de Janeiro: Zahar, 1998. p. 197-213.

LACAN, J. *Escritos:* O estádio do espelho como formador da função do eu tal como nos é revelada na experiência psicanalítica. Rio de Janeiro: Zahar, 1998. p. 96-103.

LACAN, J. *Escritos:* Função e Campo da Fala e da linguagem. Rio de Janeiro: Zahar, 1998. p. 238-324.

LACAN, J. *Nomes-do-Pai*. O simbólico, o imaginário e o real. Rio de Janeiro: Zahar, 2005. p. 9-53.

LACAN, J. *Seminário livro 1*. Os escritos técnicos de Freud, A tópica do Imaginário. Rio de Janeiro: Zahar, 1986. p. 89-186.

LACAN, J. *Seminário livro 3*. As Psicoses, Do Não-senso, e da estrutura de Deus. Rio de Janeiro: Zahar, 2002. p. 137-181.

LACAN, J. *Seminário livro 4*. A relação de objeto: Bate-se numa criança e a jovem homossexual. Rio de Janeiro: Zahar, 1995. p. 95-132.

LACAN, J. *Escritos:* A Instância da Letra no Inconsciente ou a razão desde Freud. Rio de Janeiro: Zahar, 1998. p. 496-533.

LACAN, J. *Seminário livro 5*. As formações do Inconsciente, *Os três tempos do Édipo*. Rio de Janeiro: Zahar, 1999. p. 204-220.

LACAN, J. *Seminário livro 5*. As formações do Inconsciente, III O Miglionário. Rio de Janeiro: Zahar, 1999b. p. 50-68.

LACAN, J. *Seminário livro 5*. As formações do Inconsciente, A fantasia para além do princípio do prazer. Rio de Janeiro: Zahar, 1999c. p. 241-257.

LACAN, J. *Seminário livro 5*. As formações do Inconsciente, A significação do falo no tratamento. Rio de Janeiro: Zahar, 1999d. p. 451-467.

LACAN, J. *Seminário livro 6*. O desejo e sua interpretação, A fantasia fundamental. Rio de Janeiro: Zahar, 2016. p. 383-400.

LACAN, J. *Seminário livro 7*. A ética da psicanálise, Nosso Programa. Rio de Janeiro: Zahar, 1997. p. 9-25.

LACAN, J. *Escritos:* Subversão do sujeito e dialética do desejo no inconsciente freudiano. Rio de Janeiro: Zahar, 1998. p. 807-842.

LACAN, J. *Escritos*: Posição do Inconsciente. Rio de Janeiro: Zahar, 1998. p. 843-864.

LACAN, J. *Seminário livro 11*. Os quatro conceitos fundamentais da psicanálise – A Esquize do Olho e do olhar. Rio de Janeiro: Zahar, 2008a. p. 71-81.

LACAN, J. *Seminário livro 11*. Os quatro conceitos fundamentais da psicanálise – O sujeito e o Outro II. Rio de Janeiro: Zahar, 2008b. p. 199-210.

LACAN, J. *Seminário livro 11*. Os quatro conceitos fundamentais da psicanálise – O inconsciente Freudiano e o nosso. Rio de Janeiro: Zahar, 2008c. p. 25-35.

LACAN, J. *Seminário livro 14*. A lógica do fantasma, lição 1 - 10. Recife: Centro de Estudos Freudianos, 2017. p. 11-27.

LACAN, J. *Outros Escritos, Nota sobre a criança*. Rio de Janeiro: Zahar, 2003. p. 369-370.

LACAN, J. *Outros Escritos, Introdução à edição alemã de um primeiro volume dos escritos*. Rio de Janeiro: Zahar, 2003. p. 550-556.

LACAN, J. *Seminário livro 23*. O sinthoma, Do uso lógico do Sinthoma, ou Freud com Joyce. Rio de Janeiro: Zahar, 2007. p. 11-26.

LACAN, J. *Abertura da Seção Clínica, Ornicar?*. n. 9, Reproduzido e traduzido por Traço Freudiano Veredas Lacanianas Escola de Psicanálise, 1992. p. 7-14.

LAPLANCHE e J. PONTALIS. *Vocabulário da Psicanálise*. 3. ed. São Paulo: Martins Fontes, 1998, 430 p.

LEDOUX, M.-H. Introdução a Obra de Françoise Dolto: A Vida de Françoise Dolto. *In:* NASIO, J. *Introdução às obras de Freud, Ferenczi, Groddeck, Klein, Winnicott, Dolto, Lacan.* Rio de Janeiro: Zahar, 1995. p. 207-246.

LEVI-STRAUS, C. *Antropologia Estrutural.* São Paulo: UBU, 2017.

LUQUET, G.-H. *O desenho Infantil.* Porto: Minho, 1969.

MÈREDIEU, F. *O desenho Infantil.* São Paulo: Cultrix, 2006.

MIRANDA, N. *600 anos de perspectiva rigorosa:* breve história do Desenho. *Perspectiva,* [s. l.], 2012. Disponível em: https://sites.google.com/site/perspetiva600/historia-do-desenho-e-da-perspetiva. Acesso em: 26 nov. 2018.

MOLINA, S. E. O bebê na sincronia e na diacronia: algumas questões. *In:* BERNARDINO, L. M. F. (org.). *O bebê e a modernidade:* abordagens teórico-clínicas. São Paulo: Casa do Psicólogo, 2002. p. 91-96.

MOLINA, S. E. De onde surge o brincar e o desenhar?. *In: O infantil na Psicanálise.* Porto Alegre: Appoa, 2011. p. 43-53.

MORGENSTER, S. Um Cas de Mutisme Psychogène: Revue Française de psychanalyse. *Première année,* T.I, 3. ed. G. Doin et cie, 1927.

NASIO, J. *A Fantasia.* Rio de Janeiro: Zahar, 2007.

NETTO, L. Coleção Eco Exposições. *Panorama Cultural,* [s. l.], [20--]. Disponível em: http://panoramacultural.com.br/galeria-sitios-arqueologicos-da-serra-da--capivara/ Acesso em: 29 jul. 2017.

NOGUEIRA, L. C. *A psicanálise:* Uma experiência original; o tempo de Lacan e a nova ciência. 1998. Tese (Doutorado em Psicologia Clínica) – Instituto de Psicologia, Universidade de São Paulo, São Paulo, 1998.

PROENÇA, G. *História da Arte.* São Paulo: Ática, 1999.

QUAL a origem do nome que homenageia o Monte Everest. *Webventure,* [s. l.], [20--]. Disponível em www.webventure.com.br/qual-o-origem-do-nome-que--homenageia-o-monte-everest. Acesso em: 1 jun. 2019.

QUINET, A. *A descoberta do inconsciente.* Rio de Janeiro: Zahar, 2000.

ROCAS HUASHAN. *Rupestre Web,* [s. l.], [20--]. Disponível em: www.rupestreweb.info/introduccion.html. Acesso em: 2 jan. 2019.

RODULFO, M. *El Niño del Dibujo:* Estudio Psicoanalítico del Grafismo y sus Funciones en la Construcción Temprana Del Cuerpo. Buenos Aires: Países, 2006.

RODULFO, R. *El Niño y el significante:* Un Estudio sobre las funciones del jugar en la constitución temprana. Buenos Aires: Países, 2008.

ROSOLATO, G. *A força do desejo:* O âmago da psicanálise. Rio de Janeiro: Zahar, 1999.

ROUDINESCO, E., PLON, M. *Dicionário de Psicanálise.* Rio de Janeiro: Zahar, 1998.

ROYER, J. *Que nous disent les dessins d' enfants?* Paris: Martin Média, 1995.

ROZA, S. *Quando brincar é dizer:* a experiência psicanalítica na infância. Rio de Janeiro: Relume-Dumará, 1993.

SAINT-EXUPÉRY, A. *O Pequeno Príncipe.* Rio de Janeiro: Agir, 2015.

SANDLER, J. *Técnica da Psicanálise Infantil.* Porto Alegre: Artes Médicas, 1982.

SAPIRO, J. *Desenhos e Lenda Sisciliana.* No prelo.

SAUSSURE, F. *Curso de Linguistica Geral.* São Paulo: Cultrix, 2006.

SCHREBER, D. *Memórias de um doente dos nervos.* São Paulo: Paz e Terra, 1995.

SOUZA, A. S. L. Melanie Klein e o brincar levado a sério: rumo à possibilidade de análise com crianças. *In:* GUELLER, A. S.; SOUZA, A. S. L de. (org.). *Psicanálise com crianças.* Perspectivas teórico-clínicas. São Paulo: Casa do Psicólogo, 2013.

TEIXEIRA, J. *A relação de Herzog com a imagem*: Uma análise do filme A caverna dos sonhos esquecidos. 2016. 69 f. Monografia (Trabalho de Conclusão de Curso em Comunicação Social – Jornalismo) – Faculdade de Biblioteconomia e Comunicação da Universidade Federal do Rio Grande do Sul, Porto Alegre, 2016. Disponível em https://lume.ufrgs.br/handle/10183/157316. Acesso em: 18 dez. 2018.

THOMAS, M.-C. Introdução a Obra de Melanie Klein: A Técnica Psicanalítica do Brincas e suas Descobertas. *In:* NASIO, J. *Introdução às obras de Freud, Ferenczi, Groddeck, Klein, Winnicott, Dolto, Lacan.* Rio de Janeiro: Zahar, 1995. p. 133-175.

TYSZLER, J.-J. *O fantasma na clínica psicanalítica.* Recife: Association Lacanienne Internationale, 2014.

VASSE, D. *O umbigo e a Voz:* Psicanálise de Duas Crianças. São Paulo: Loyola, 1977.

WIDLÖCHER, D. *Interpretação dos Desenhos Infantis.* Petrópolis: Vozes, 1971.

WINNICOTT, D. W. *Consultas Terapêuticas em Psiquiatria Infantil*. Rio de Janeiro: Imago, 1984.

WINNICOTT, D. W. *O Brincar e a Realidade*. Rio de Janeiro: Imago, 1975.

ZUBERMAN, J. *A Clínica Psicanalítica:* Seminários na Clínica-Escola. Porto Alegre: Evangraf, 2014.